W0070518

*Den Diakonissen
des Elisabethenstifts
zu Darmstadt
in Dankbarkeit
gewidmet*

Erich Psczolla

Aus dem Leben des Steintalpfarrers Oberlin

Von der Wirkung der biblischen Botschaft
in der Wirklichkeit unserer Welt

Verlag der
St.-Johannis-Druckerei
C. Schweickhardt
Lahr-Dinglingen

CIP-Kurztitelaufnahme der Deutschen Bibliothek

Pszolla, Erich:
Aus dem Leben des Steintalpfarrers Oberlin : von d. Wirkung d. bibl. Botschaft in
d. Wirklichkeit unserer Welt / Erich Pszolla. – Lahr-Dinglingen : Verlag der St.-
Johannis-Druckerei Schweickhardt, 1987.
  (Edition C : C; 221 : Paperback)
ISBN 3-501-00170-3
NE: Edition C / C

ISBN 3 501 170 3

Edition C-Paperback 56 621 (C 221)
© 1987 by Verlag der St.-Johannis-Druckerei C. Schweickhardt, Lahr-Dinglingen
Titelbild: Gottfried Gerhardt
Gesamtherstellung:
St.-Johannis-Druckerei C. Schweickhardt, 7630 Lahr/Schwarzwald
Printed in Germany   9139/1987

Inhalt

Vorwort

Die im Jahre 1979 in der Bundesrepublik und im Jahre 1982 als Lizenzausgabe in der DDR erschienene Oberlin-Biographie ist vergriffen, zu kaufen ist nur noch die im Jahre 1985 erschienene französische Ausgabe (Editions Oberlin, Strasbourg). Warum ein neues Oberlin-Buch? Antwort: Es steht mir noch weiteres Quellen- und frühes Literatur-Material zur Verfügung, das zu interessant ist, als daß es in Vergessenheit geraten dürfte – dazu ist die Persönlichkeit Oberlin zu bedeutend. Es soll dabei kein anderer Oberlin als der der ersten Biographie dargestellt werden, zumal die grundlegenden Erkenntnisse, Erfahrungen und Aktivitäten die gleichen sind.

Doch schon der Titel »Aus dem Leben des Steintalpfarrers. . .« will auf die besondere Bedeutung der in der Bibel gegründeten Einsichten Oberlins und der daraus entspringenden Tätigkeiten hinweisen. Dabei wird versucht, eine in sich geschlossene biographische Darstellung anzubieten, und zwar so, daß die beiden Bücher sich ergänzen. Der Leser möge durch den Zeitabstand und die Zeitbedingtheit hindurch auch für die heutige Zeit bedenkenswerte Aussagen erkennen und mit Respekt zur Kenntnis nehmen, wo wir – durch geschichtliche, gesellschaftliche und ganz persönliche Erfahrungen bedingt – anders denken und handeln.

Oberlin hat deutsch und französisch gesprochen und geschrieben. Bei den zahlreichen Texten handelt es sich um original deutsche mit der damals üblichen Orthographie und um Übersetzungen ins Deutsche, und zwar um solche aus der ersten Hälfte des vorigen Jahrhunderts, um solche aus der ersten Hälfte dieses Jahrhunderts (z. B. um die des elsässischen Oberlin-Forschers Georg Meyer und später dessen Tochter Anna Margrit Meyer), um andere moderne und um meine eigenen. Daher auch eine unterschiedliche Ausdrucksweise und Orthographie. Im allgemeinen wird nicht darauf hingewiesen, wo es sich um einen Originaltext bzw. um eine Übersetzung handelt, zumal es leicht erkennbar ist.

Den Leser möge es nicht stören, wenn Personen-Vornamen das eine Mal auf Deutsch, das andere Mal auf Französisch gebracht werden (z. B. Friedrich – Frédéric), so war es in der Familie Oberlin üblich. Auch mit den Ortsnamen nahm man es nicht so genau: so ist von Waldbach und auch von Waldersbach die Rede. Der Familienname wird z. B. Stoeber und Stöber geschrieben. Es ist auch kein Druckfehler, wenn Oberlin von Bibeln und Biblen schreibt, wenn wir z. B. Pfarrey, Freyheit, Kayser, damahlen, Wittwe, SchuhlMeister lesen.

Dieses Buch ist also kein Lehrbuch für Orthographie – und auch nicht für Zeichensetzung –, dafür desto mehr zum Nachdenken. Und wenn es hier und da zur Tröstung dient, ist sein Zweck voll erfüllt.

Es wird den Leser wundern, daß auf Seite 28 die »Strickschulen-Kleinkinderschulen« nur kurz erwähnt sind, wo Oberlin doch gerade durch sie bekannt wurde und sich hier im Steintal die »Sternstunde der Sozialpädagogik« (E. Schering) ereignete. Doch hierauf wird in einer nachfolgenden Veröffentlichung »Louise Scheppler und andere Frauen in der Gemeinde Oberlins« ausführlich eingegangen werden.

Frau Dr. Klara Stoevesandt (Osnabrück) und Herr Pastor Koch (Straßburg) haben das Manuskript gelesen und gute Hinweise gegeben. Beiden sei an dieser Stelle herzlich gedankt!

Waldersbach (nach einem alten Stich aus A. Rothert, J. F. Oberlin, Amsterdam 1868)

7

1 Wie eine Frau aus der Gemeinde Oberlins vom Wirken ihres Pfarrers beeindruckt war

Johann Friedrich Oberlin ist am 31. August 1740 in Straßburg geboren und starb nach 59jähriger Tätigkeit im Vogesendorf Waldersbach am 1. Juni 1826. Von Anne-Marguerite Meyer (1901–1980), der Tochter des Oberlin- und Heimatforschers Georg Meyer, erhielt ich aus seinem Nachlaß ein lesenswertes Dokument. Es handelt sich um die Übersetzung einer Aufzeichnung der Marie Jeanne Scheidecker, der späteren Ehefrau von Paul Caquelin, »Eine Würdigung Oberlins anläßlich seines Todes«.

Den Leser von heute möge die gefühlvolle Darstellung nicht stören, – sie läßt uns etwas von der Erlebnistiefe der Menschen vor 160 Jahren spüren und vermittelt uns einen Eindruck von der Spiegelung der Wirksamkeit von Pfarrer Oberlin in der Erlebniswelt eines schlichten Gemeindegliedes.

»Waldersbach, den 7. Juni 1826.

Ach, er ist nicht mehr, unser guter Pastor! Seine Gemeinde ist in Trauer und Tränen getaucht. Wer wird sie uns abwischen? Nicht mehr seine väterliche Hand. Wer wird unsern Schmerz lindern? Nicht mehr seine zärtlichen Trostworte. Ihr alle, die ihr ihn wie einen zärtlichen Vater lieb gehabt habt, vereinigt eure Tränen mit den unsrigen. Jedoch weint nicht über ihn, weint über uns und die Verstocktheit unserer Herzen, – wir haben nicht die Zeit genutzt, in der ihn uns Gott in seiner Barmherzigkeit als einen Schutzengel (Génie tutelaire) gesandt hat. Keine Schwierigkeit konnte ihn in der Ausübung seiner Seelsorge auf dieser Erde hindern, er versäumte in der Größe seiner Tugenden keinen Augenblick seines Lebens, den er nicht für das leibliche und geistige Wohl derer anwendete, die ihm anvertraut waren. Seine Gemeinde war für ihn, was für eine junge Gemahlin ihr Gemahl bedeutet, – für sie war er mit der reinsten und tiefsten Liebe erfüllt, wie seine christliche Nächstenliebe alle Menschen mit Eifer umfaßte. Kein

Antlitz und kein ihm bekannter Name, für den er nicht bei seinem Gott und Erlöser eine besondere Fürbitte gehabt hätte.

Ihr alle, die ihr ihn gekannt habt, alle, die ihr seinen Namen habt aussprechen hören, selbst ihr, die ihr nicht das Glück gehabt habt, ihn persönlich zu kennen, bittet Gott in euren Herzen, daß er euch die Gnade gibt, wie er zu leben. Bittet Gott, alle eure Zeit nach eurer Erwählung in einer so heiligen und vollkommenen Weise zu nutzen. Beherzigt die Worte des Herrn, die er uns oft wiederholt hat: ›Trachtet danach, in das ewige Leben einzugehen; denn die Pforte ist eng und der Weg ist schmal, der zum Leben führt.‹ Ja, lieber Pastor, du hast dein ganzes Leben zugebracht, alle Lehren und Gebote des Herrn Jesus Christus, die du uns in der ganzen Klarheit seines Evangeliums bekannt gemacht hast, zu bedenken und in die Tat umzusetzen. Wie hast du es verstanden, die im Todesschlaf versunkenen Herzen anhand dieses Evangeliums zu neuem Leben zu erwecken. . . . Ja, teurer und vielgeliebter Pastor, du wirst für immer in unseren Herzen weiterleben. Unsere Kinder und Kindeskinder werden es ihren Nachkommen berichten und weitersagen, was du durch deine Erkenntnis und Liebe Großes vollbracht hast. Alle, die das Glück hatten, von dir die Erziehung zu empfangen, werden dir auch weit über das Grab hinaus dankbar bleiben.

Ach, wie furchtbar und hoffnungslos würde unser Schmerz sein, hätten wir nicht diese sichere und gewisse Hoffnung, dich eines Tages dort oben wiederzusehen, am Orte der Glückseligen. Wie werden wir uns dann gemeinsam freuen an der Herrlichkeit, die wir empfangen haben durch das Sterben unseres Herrn Jesu Christi und durch sein Blut. Doch jetzt, in dieser traurigen Trennungszeit können wir nur eins tun: Tröstung aus der Heiligen Schrift schöpfen, – ein Trost, den unser Herz dringend braucht. Alles, was uns umgibt, ruft die Erinnerung an dich wach, selbst die unscheinbarste Feldblume spricht zu unseren Herzen, denn auch diese hast du zuweilen erwähnt, auch wenn du von der Größe und Majestät Gottes zu uns sprachst und uns in deiner Verkündigung viele köstliche Gleichnisse vor Augen geführt hast. Wie hat sich doch all dies unserem Gedächtnis eingeprägt und wird wohl oft noch die Erinnerung an unseren guten Pastor wachrufen.

Und doch, du hast uns oft gemahnt, deinen Namen zu vergessen und nur den Namen Jesu Christi hochzuhalten. Und doch, dieser

Name Jesu Christi und auch noch der deinige, können nicht beide Namen unsere Herzen erfüllen? Bist du es nicht gewesen, der uns an der Hand geführt hat, wie ein guter Vater seine Kinder leitet hin zu Christus, unserem Freunde? Er ist es ja allein, der uns glücklich machen kann, in dieser und der anderen Welt, für alle Ewigkeit. Nein, unser guter Pastor wird in dieser Welt nicht vergessen werden. Unsere Herzen können von seinem Herzen nicht getrennt werden. Gott hat dieselben ja vereint, darum kann sie auch der Tod nicht scheiden, . . .

In den letzten Tagen sprachst du den Wunsch aus, daß du hofftest, alle deine Gemeindeglieder droben wiederzufinden, ja selbst dann, sagtest du, wenn du sie auf dem Grund der Hölle suchen müßtest. Könnten wir dich je vergessen, der du unsertwillen solche Worte ausgesprochen hast? Nein, selbst dann, wenn die Erinnerung an dich Tränen kosten würde, dieselben sollen uns kostbar sein, wir werden sie in den Schoß Gottes hinein vergießen, den wir durch dich kennen lernten. Du warst wie unser Bruder, unser Freund, der du stets alle Mühsal hast mit uns teilen wollen. Möchten wir uns doch dereinst dort alle wiederfinden am Fuße seines Thrones. Möchten wir unsere Gebete dortselbst mit den deinigen vereinigen können. Ach möchtest du doch dort am Orte der Glückseligkeit, der Unsterblichkeit, hören, daß deine Gemeindeglieder dir Treue gehalten haben, Treue bis in ihren Tod. – Von jenem verlorenen Sohn, wie ihn unser Heiland nennt, von Judas, dem Verräter, rede ich nicht.

Möchten wir doch alle in unserer Fürbitte, in unseren Gebeten beständig und treu bleiben! Möchten wir doch handeln, wie du uns gegenüber gehandelt hast. Möchten wir uns doch immer als die älteren verwaisten Geschwister *einer* Familie ansehen, um für die jüngeren Geschwister einzustehen und sie mitzuerziehen. Ach möchte der allmächtige Gott uns in diesem Vorhaben festigen und stärken. Möchten wir uns heute neu entschließen, beständig in seinen Geboten zu wandeln. O möchten wir alles befolgen, was uns aus dem Evangelium gepredigt worden ist, – aus dem Munde unseres würdigen und verehrungswerten Pastors.«

Marie Jeanne Scheidecker-Caquelin schildert dazu noch ihre Eindrücke von den Begräbnisfeierlichkeiten des am 1. Juni 1826 gestorbenen Steintalpfarrers Johann Friedrich Oberlin.

2 Oberlin hat es verdient, nicht vergessen zu werden

Bei der Beerdigung sagte Pfarrer Braunwald, der Vicepräsident des Konsistoriums zu Barr, in seiner Traueransprache: »Waldersbach wird ein unvergängliches Denkmal seines Ruhmes sein, die Namen Oberlins und Waldersbachs werden auf ewig im Gedächtnis der Menschen bleiben.«

Zahlreiche sozialpädagogische und soziale Einrichtungen tragen den Namen des Steintalpfarrers, es sei hier nur das im Jahre 1874 gegründete Oberlinhaus zu Potsdam-Babelsberg genannt – ein bedeutendes diakonisches Werk in der Deutschen Demokratischen Republik.

Doch Oberlins Einfluß ging und geht weit über Europa hinaus. Im Jahre 1833 gründete der Wanderprediger John Jay Shipherd in Amerika (in Ohio) die Stadt Oberlin und das dazu gehörige Oberlin-College. Dieses entwickelte sich im Laufe des 20. Jahrhunderts zu einer Hochschule für Geisteswissenschaften im Geiste Oberlins. J. W. Kurtz berichtet in seiner Oberlin-Biographie (S. 238 f.): »Die Gründer des Instituts handelten nämlich durchaus im Geiste Oberlins, indem sie als erste Regel festlegten, kein qualifizierter Studienanwärter dürfe wegen seines Geschlechts, seiner Hautfarbe oder seiner Rasse abgewiesen oder als zugelassener Student anders als die anderen behandelt werden.« Als Grundsätze galten nach dem Steintaler Vorbild: »Fleiß, Sparsamkeit, kein Streben nach irdischen Gütern, Bescheidenheit in Kleidung, Wohnung und Nahrung, Förderung der Erziehung«.

Nach 1890 gingen 10 Missionare, die im Theologischen Seminar, das zum College gehörte, ausgebildet wurden, nach China in die Provinz Shansi, um dort zu arbeiten. Beim Boxeraufstand, im Jahre 1900, wurde die begonnene Arbeit zerstört, die Missionare fielen dem Aufstand zum Opfer, doch bald wurde das Werk weitergeführt.

Aus dem Jahresbericht 1985 der im Jahre 1908 in Oberlin (Ohio) gegründeten OBERLIN SHANSI MEMORIAL ASSOCIATION (105 Wilder Hall, Oberlin, Ohio 44074) erfahren wir Näheres über die bis zum heutigen Tag von Amerika ausgehenden

Aktivitäten. Die Association hat sich zur Aufgabe gesetzt, im Sinne Oberlins kulturelle Beziehungen mit den Völkern Asiens zu pflegen. Das erste Interesse galt der Provinz Shansi in China. Von der dortigen Mittelschule wurden Lehrer der englischen Sprache angefordert. Doch die Beziehungen erweiterten sich in den Agrar- und den industriellen Bereich. Es wurde jungen Chinesen ermöglicht, im College in Oberlin zu studieren.

Die Association arbeitet auch mit Einrichtungen in Japan zusammen. Einem brieflichen Bericht vom Jahre 1976 aus Tokio entnehme ich folgende Tatsachen: Der Japaner Yasuzo Shimizu hat in Oberlin (Ohio) studiert und dort »die Seele von Friedrich Oberlin gelernt«. Er hat sich dann 30 Jahre der Erziehung von Kindern in China gewidmet, kehrte nach dem Zweiten Weltkrieg nach Japan zurück und gründete im Jahre 1946 im Gedenken an Oberlin in Tokio die Schule OBIRIN. »Er sagt, er hat deshalb diese neue Schule ›Obirin‹ genannt, weil er sich vor den durch den Zweiten Weltkrieg zerstörten Landschaften in Tokio an Pfarrer Johann Friedrich Oberlin erinnert hat, der im Elsaß vor der ähnlichen Landschaft am Ende des 18. Jahrhunderts dem Wieder- aufbau des Steintals sich gewidmet hatte.« Das Obirin-Institut bestand im Jahre 1976 aus mehreren Fakultäten, einem Obergym- nasium, einem Mittelgymnasium und einem Kindergarten.

Mit diesem Obirin-Institut (Obirin Gakuen-Institute, 3758 To- kiwamachi, Machida-Shi, Tokyo, Japan) pflegt die Association in Oberlin lebendige Kontakte, ebenso mit Einrichtungen in Indien, Indonesien, Süd-Korea – dabei handelt es sich um gegenseitigen kulturellen Austausch und dies alles im Gedenken an den Steintal- pfarrer.

Die zentrale Stätte bleibt das Steintal, wohin jährlich viele Besucher pilgern, um das Museum, das im von Oberlin erbauten Pfarrhaus untergebracht ist, zu besichtigen, in den Kirchen zu Waldersbach, Fouday und Belmont in Stille zu verharren, am Grabe zu Fouday dieses Christuszeugen zu gedenken und sich an der zu allen Jahreszeiten reizvollen Vogesenlandschaft zu er- freuen.

Der katholische Kantonalarzt Dr. Bedel sagte am offenen Grabe: »Ach, von der Höhe der himmlischen Wohnungen, wo deine Seele jetzt thront, wirf auf uns noch einen Blick des Mitleids und der Liebe herab, sieh an deinem ehrwürdigen Grabe alle

12

Lebensalter und alle Glaubensgemeinschaften sich innig ver-
einen; sieh deinen mit goldenen Buchstaben in die Jahrbücher der
Menschheit und der Geschichte eingegrabenen Namen noch der
spätesten Nachwelt das Zeugnis ablegen, daß man, um im Gedächtnis der Menschen zu leben, nicht eines jener vielumfassen-
den Genies sein muß, deren hoher Geist Reiche erschüttert.«

Einen ähnlichen Gedanken entfaltet Alfons Rosenberg in seinem Buch »J. Fr. Oberlin, Die Bleibestätten der Toten«: »Dabei
kann man Oberlin nicht eigentlich zu den Genies rechnen – er ist
weder ein dämonisch übergroßer Malervisionär wie Grünewald
noch ein das Weltall seherisch durchdringender Dichter wie
Goethe; er hat kein pädagogisches System geschaffen, das wie
jenes Pestalozzis zur Grundlage der Erziehungsarbeit eines Jahrhunderts wurde, und auch keine Philosophie, die wie die Schel-
lings dem Leben einen neuen Sinn abgewinnt; er hat nicht den
Vorhang vor der Geisterwelt in kühnem Schwunge weggerissen
wie Swedenborg und hat auch nicht wie Schleiermacher auf dem
Grunde der Schrift den Turmbau einer neuen Theologie errichtet.
In bescheidenerer Weise hat er jedoch nichts Geringeres zustan-
degebracht, als die Genien jener Zeit, weniger als Leistung auf
einem einzelnen Gebiet, denn in der harmonisch ausgewogenen
Zusammenfügung der raketenartig in seinem Zeitalter umherfeu-
ernden Ideen zur Erneuerung der Menschheit. Wie selten einer
vermochte es Oberlin, das Gedankliche zur Gestalt gedeihen zu
lassen, das Geistige zum Urgrund des gemeinschaftlichen Lebens
zu machen und dem Göttlichen zum Ziele seiner Epiphanie einen
›Leib‹ anzubieten, auf daß sich das Ewige im Irdischen kundtue
und die ›Hütte Gottes‹ bei den Menschen weile.«

So manche Oberlin-Biographen haben seinem Ruf bei der
Steintalbevölkerung geschadet; sie unternahmen es, seine Verdienste ganz besonders hervorzuheben, indem sie die Zustände in
der Gemeinde bei seinem Dienstantritt allzu negativ darstellten.
Die Bevölkerung war wohl arm, aber keineswegs in dem Maße,
daß sie nur in Erdhöhlen hauste und sich von Gräsern nährte.
Neben ungeeigneten Pfarrern und Lehrern hatte es auch tüchtige
gegeben. Besonders der Vorgänger Oberlins, Pfarrer Johann
Georg Stuber, hatte segensreich gewirkt und manches begonnen,
was Oberlin nur fortzuführen brauchte.

Oberlin hat es verdient, nicht vergessen zu werden, auch um

unsertwillen: wir werden angeregt, über die Verantwortung in manchen Nöten unserer Zeit nachzudenken; wir werden in unserem Glaubensleben gestärkt, wenn wir etwas von diesem »gelebten Christentum« erfahren.

Zu alledem braucht nichts übertrieben dargestellt zu werden, – es genügt, vom Leben und Wirken dieses Mannes, auch von seinen Schwächen, zu berichten.

Maria Magdalena
geb. Feltz
(1718–1787)

Eltern Oberlins

Johann Georg
(1701–1770)

Johann Friedrich
im Alter von 23 Jahren

3 Kindheit und Studium

Johann Friedrich Oberlin – als Kind »Fritz« genannt – ist am 31. August 1740 als fünftes von zehn Kindern in Straßburg geboren (das jüngste starb 1761 bald nach seiner Geburt) und wurde am Tag darauf in der St. Thomaskirche getauft, 1740, in dem Jahr, in dem des Soldatenkönigs Sohn als Friedrich II. König von Preußen wurde, als Emanuel Swedenborg seine theosophische Schrift »Die Verehrung und die Liebe Gottes« erscheinen ließ, – in dem Jahr, in dem auch Johann Heinrich Jung-Stilling geboren wurde; das darauf folgende war das Geburtsjahr Johann Caspar Lavaters.

Johann Friedrichs Vater Johann Georg Oberlin war Professor am protestantischen Gymnasium zu Straßburg. Dessen Vorfahren väterlicherseits waren während des Dreißigjährigen Krieges aus Colmar im Oberelsaß gekommen und gehörten zur Zunft der Bäcker. Die Mutter war die Tochter des Professors der Rechtswissenschaften Dr. Johann Heinrich Feltz, dessen Vater Pfarrer gewesen war.

Vom Großvater Feltz (1665–1727), der zugleich der Urgroßvater von Oberlins Ehefrau Magadalene Salome war, wird erzählt, daß er visionäre Erlebnisse gehabt und den Zeitpunkt seines Todes genau vorausgesagt hätte. Er hatte in Schiltigheim, am Rande von Straßburg, einen mittelgroßen Bauernhof, »Feltzengut« genannt, erworben.

Von Oberlins Vater wird berichtet, daß er ein gelehrter, aufgeklärter und gewissenhafter Mann war, von sehr festem Charakter. Die Mutter wird als ein Engel von Sanftmut und Güte geschildert. Sie liebte und pflegte alles, was mit Poesie zusammenhing, Gellert und Klopstock waren von ihr hoch geschätzt. Sie bemühte sich, ihre Kinder »in dem Herrn« zu erziehen.

Außer in den Ferien pflegte die Familie sich besonders während der Sommermonate am Donnerstag abends in Schiltigheim, im »Ferienparadies«, aufzuhalten. »Bei seiner Ankunft dort schnallte der Vater sich eine Trommel um den Leib, ließ seine blühenden Knaben in eine Linie antreten und sie rechts und links und nach allen militärischen Bewegungen exerzieren«, so berichtet einer der ältesten Oberlin-Biographen. Der Sohn Fritz hatte zeit seines Lebens eine Vorliebe für alles Soldatische, er bejahte in ihm die Ordnung und den Gehorsam. Letzteren verinnerlichte er zu einem Hören auf Gottes Gebot.

Erträgnisse des *Feltzengutes* brachten der kinderreichen und nicht begüterten Familie manche willkommene Ergänzung für den Haushalt. Die hier erworbenen landwirtschaftlichen Kenntnisse konnte Oberlin später in seiner Gemeindearbeit dringend brauchen. Das Stadtkind erlernte hier auch das Reiten. Es wird ihm als Steintalpfarrer noch sehr hilfreich werden, wenn er auf seinem Pferd »Content« von Dorf zu Dorf, nach Straßburg und zu seinen nicht zahlreichen Reisezielen eilen wird.

Nach dem Besuch des Gymnasiums begann Oberlin im September 1755, also als Fünfzehnjähriger, in Straßburg, das zu Frankreich gehörte, mit seinem *Studium,* – seine Muttersprache war deutsch, doch schon als Kind lernte er französisch. Er soll als Pfarrer in seiner vorwiegend französisch sprechenden Gemeinde immer einige Schwierigkeiten mit dieser Sprache gehabt haben. Als Achzigjähriger schrieb er im Rückblick auf sein Leben: »Ich bin ein Deutscher und zugleich ein Franzose.«

Oberlin studierte insgesamt etwa zwölf Jahre. Durch Nachhilfestunden verdiente er sich einiges Geld. Er hörte philosophische, naturwissenschaftliche, theologische und, wie einige Biographen berichten, später auch medizinische Vorlesungen. Schon früh legte er sich eine Sammlung von Gesteinen, Fossilien, Pflanzen und präparierten Tieren an, die er immer wieder vervollständigte und die er dann in Waldersbach als Unterrichtsmaterial benutzte.

Während des Studiums, von 1762 bis 1765, war er *Hauslehrer* in der Familie des Straßburger Chirurgen Daniel Gottlieb Ziegenhagen. Hier sammelte er pädagogische Erfahrungen und erwarb sich manche praktischen medizinischen Kenntnisse. Mit dieser Familie blieb er zeit seines Lebens freundschaftlich verbunden. Ein Enkel des Arztes, Ehrenfried Stoeber, war mit Oberlins Kindern befreundet und schrieb im Jahre 1831 eine Oberlin-Biographie, die den Steintalpfarrer in weiten Kreisen bekannt machte und Grundlage für viele Veröffentlichungen über ihn wurde.

Am 21. Juli 1763 notierte Oberlin in seinem Historischen Almanach: »Bin *Magister* worden«. Nun konnte er sich mehr den speziell-theologischen Studien widmen und hielt im Mai 1765

16

seine erste öffentliche Predigt. Sein theologisches Schlußexamen fand im Februar 1767 statt, im Juni verteidigte er, nachdem er schon einige Monate Pfarrer in Waldersbach war, seine Disputation »Kurze Untersuchung über die Vorzüge und Beschwerlichkeiten des theologischen Studiums«. Pfarrer Gustav Koch (Straßburg), der diese Schrift im Juniheft 1976 des Deutschen Pfarrerblatts einer größeren Leserschaft zugänglich gemacht hat, sagt mit Recht, daß »das ganze Leben Oberlins eine Art praktische, anschaubare Illustration zu dieser seiner Jugendschrift geworden ist«.

Einige Sätze daraus: »Dazu rechnen wir auch, daß die Amtswalter des Heiligen in ihrer ganzen Lebensführung, die ja doch andern ein Vorbild sein soll, viel behutsamer sein müssen als die Menschen anderer Stände.«. . .»Was aber das Beste ist von dem, was einem Schüler der Heiligen Studien widerfährt, das ist, daß er alsbald Einsicht gewinnt in den Dingen, die dem obersten Ziele, das unserem Leben gesetzt ist, dient.«

Ordiniert wurde Oberlin erst 1770, nachdem er schon mit Antritt seines Amtes im Jahre 1767 die Erlaubnis für alle Amtshandlungen erhalten hatte.

Seit seiner frühesten Kindheit hatte er Beziehungen zur *Herrnhuter Brüdergemeine.* Einer seiner Taufpaten war der Abendprediger an der Alt-St.-Peter-Kirche in Straßburg, Franz Christian Lembke, der wegen seiner Verbindungen zu den Herrnhutern seine kirchlichen Ämter verlor, zunächst nach Herrnhag ging, aber dann nach Amerika auswanderte. Über ihn schrieb Oberlin 1808 nach Herrnhut: »Ich bin vielleicht großenteils ein Kind des Gebets eines meiner Taufpaten, des Herrn Franz Christian Lembke.«

Den Anstoß zu einer »Erweckung« der Mutter Oberlin und ihres Sohnes Johann Friedrich gaben die Predigten des Pfarrers und späteren Professors Friedrich Sigismund Lorenz, der, wie berichtet wird, in der Terminologie Zinzendorfs predigte und besonders die Straßburger Aristokratie beeinflußte, aber auch bei den einfachen Leuten Gehör fand. Oberlin soll die Losungen der Brüdergemeine regelmäßig gelesen haben.

In seinem 20. Lebensjahr, am 1. Januar 1760, schrieb und unterschrieb er nach pietistischem Brauch die *»Erneuerung des Taufbundes«,* eine ausführliche religiöse Willenserklärung, die er zehn Jahre später bestätigte und die er als Zweiundachzigjähriger mit der Randbemerkung versah: »Herr, erbarme Dich meiner!« Nur einige wenige Sätze daraus: Nachdem er sich des unendlichen Erbarmens um Jesu Christi willen vergewissert und sich als großen Übeltäter bekannt hatte, schrieb er: »Heiliger Gott! Ich übergeb mich Dir jetzt auf das feierlichste. Höret, ihr Himmel, und Erde neige deine Ohren. Ich bekenne heute, daß der Herr mein Gott ist.« . . .

> »Laß mich von der Erde fliehen
> Und der Welt den Abschied geben,
> Um die kurze Lebenszeit
> Dir, o Herr, allein zu leben.« . . .

»Gebrauche mich, o Herr, ich bitte Dich, als ein Werkzeug zu Deinem Dienst.« . . . »Habe ich dann Deinen Willen hier auf Erden getan und ertragen, so rufe mich von dannen, wann und wie es Dir gefällt.« . . . »Sollte vielleicht diese förmliche Erinnerungsschrift in die Hände meiner zurückgelassenen Freunde geraten, so laß auch ihr Herz dadurch lebhaft gerührt werden.«

Es ist nicht leicht, den *theologischen Raum,* in dem der junge Oberlin lebte und dachte, zu beschreiben. Zu manchen Gedanken der Aufklärung kam die im Studium gelehrte lutherische Rechtgläubigkeit, doch dazu wirkten prägend der Pietismus Hallischer Richtung und in besonderem Maße eine Herrnhutische Frömmigkeit. Als Oberlin später einmal gefragt wurde, welches sein Glaubensbekenntnis sei, gab er zur Antwort, man solle in der Bibel lesen, dann kenne man es.

Dem Wunsch seines Vaters gemäß hätte er Soldat werden sollen. Er hätte es jedoch nur dann getan, wenn er den einzigen Sohn einer Witwe vom Soldatendienst hätte ablösen können.*

Noch vor dem Abschluß seines Studiums wurde ihm im Januar 1767 die Stelle eines Feldpredigers angeboten. Er lehnte ab, wurde noch einmal gefragt und sagte zu. Er begann schon, sich mit der atheistischen Literatur der damaligen Zeit zu beschäftigen, um den Diskussionen mit anderen Offizieren gewachsen zu sein, – doch dann wurden seine Wege anders gelenkt.

---

* Es war damals möglich, sich freizukaufen, wenn jemand durch das Los zum Soldatendienst bestimmt war. Oberlin wollte sich in dem oben beschriebenen Fall freiwillig ohne Entgelt für einen anderen als Soldat verpflichten.

Schon im Jahre 1766 hatte Oberlin durch seine Mutter den Steintalpfarrer Johann Georg Stuber kennengelernt. Als er ihn in seiner Gemeinde besuchte, wurde er schon damals von Stuber gefragt, ob er einmal bereit wäre, dort zu arbeiten. Er antwortete, wie er später nach Herrnhut berichtete, unter anderem: »Ins Steintal, unter dieses liebe welsche Volk, da ginge ich mit Jauchzen.« Im Jahre 1767 erging der Ruf an ihn durch Stuber, der die Landpfarrei wegen seines schlechten Gesundheitszustandes aufgeben mußte und an die Pfarrstelle der St.Thomas-Kirche zu Straßburg berufen worden war. Oberlin war festen Glaubens, daß Gott ihn gerufen hätte; er ging ins Steintal.

Johann Georg Stuber
(1722–1797)

4   Im Steintal

Das Steintal (le Ban de la Roche) wurde und wird nicht deshalb so genannt, weil es dort »viel Steine gab und wenig Brot«, sondern es erhielt seinen Namen von einem alten Schloß »zum Stein« (la Roche), dessen Ruine heute noch in der Nähe von Bellefosse zu sehen ist. Die Herren des Schlosses machten im 15. Jahrhundert die Umgegend durch räuberische Überfälle unsicher, – es wurde 1471 zerstört. Das Land, die »Herrschaft zum Stein«, wechselte einige Male seinen Besitzer. Unter Graf Voyer d'Argenson, Marquis de Paulmy, wurde es 1762 zur Grafschaft erhoben. Dieser Graf, selbst katholisch, ernannte in seiner Eigenschaft als Patron Johann Friedrich Oberlin zum 1. April 1767 zum Pfarrer in Waldersbach.

Das Land hatte unter den Wirren des Dreißigjährigen Krieges große Not gelitten. In den Jahren 1640–1650 hatte eine Pest gewütet und einen großen Teil der Bevölkerung hingerafft.

Das Steintal liegt 50–60 km südwestlich von Straßburg entfernt; man erreicht es, der Breusch folgend, über Mutzig, Schirmeck und Rothau, und man rechnete zu Oberlins Zeiten einen Fußmarsch von 10 bis 12 Stunden, – er legte diesen Weg oft mit seinem Pferd »Content« zurück und soll es gelegentlich des Nachts getan haben, wenn er einmal dringend Medikamente brauchte.

Das Steintal – eine für das damalige und heutige Naturempfinden überaus reizvolle Vogesenlandschaft. Oberlin hat seine Schönheit oft beschrieben. Doch als er dort begann, waren Ackerland und Wiesen noch recht ungepflegt. Es war ein Sprichwort im Umlauf: »Ein Weib trägt in der Schürze heim, was der Mann an einem langen Morgen abmäht.«

Über die Bevölkerung schrieb der Vorgänger Oberlins Stuber: »So arm aber dieses Volk ist, so kann man dasselbe, seiner Sprache und Religion wegen, wirklich ein Kleinod unserer evangelischen Kirche Augsburger Konfession nennen.« Was er hier mit Sprache meint, ist nicht ganz ersichtlich, denn an einer anderen Stelle seines Berichtes schrieb er: »Ihre Sprache ist von der eigentlich französischen so unterschieden, daß sie ohne guten Unterricht in Schulen (daran es bisher hauptsächlich gefehlt), von

Büchern und Predigten fast gar nichts verstehen.« Es handelt sich hier um den Dialekt »Patois«.

Seit 1704 gab es im Steintal zwei evangelische Pfarreien, Rothau und Waldersbach. Zu Waldersbach gehörten auch die Dörfer Fouday (Urbach), Belmont (Schönberg), Bellefosse (Schönfuß) und Solbach, dazu kamen die Außensiedlungen, Weiler genannt: La Hutte, Pendbois und Trouchi.

Über seine Vorgänger konnte Stuber kein günstiges Urteil abgeben. Er sprach von einer »Menge gleichgültiger und großenteils in hohem Grade ärgerlicher Pfarrer«, doch es gab unter ihnen auch fromme Verkündiger der biblischen Botschaft. Stuber schrieb weiter: »Die beiden Pfarreien sind von sehr geringem Einkommen, das Land ist abgelegen, die Lebensart rauh und mühsam.«

Stuber selbst, ein sehr gründlicher Theologe, der 1746 die Magisterwürde erlangt hatte, war 1750–1754 und 1760–1767 in der Gemeinde Waldersbach tätig, in der Zwischenzeit hatte er das Pfarramt in Barr übernommen. Er mußte das Steintal 1767 aus Gesundheitsgründen verlassen und wurde Pfarrer an der St.-Thomas-Kirche in Straßburg.

Vielfältig waren seine Aktivitäten in Waldersbach. Er beschaffte Bibeln; er förderte – selbst sehr musikalisch – den Kirchengesang und verfaßte ein Liederbuch für die Gemeinde; er förderte das Schulwesen; er legte den Grundstock für eine Bibliothek mit 100 Bänden, die Oberlin auf 500 erhöhte; er gründete schon 1760 eine Winterschule für Erwachsene; er richtete Handarbeitskurse zum Erlernen von Spinnen und Stricken ein – seine Frau leitete sie –, er tat noch manches mehr, worauf Oberlin aufbauen konnte.

Über seine Predigtweise schrieb er in seinen Annalen: »Wir wollen Gottes Volk werden. . . . Ich verzichtete, auf die gewöhnliche Art zu predigen, ich enthielt mich überhaupt jeder rhetorischen Blume. Ich nahm, wenn ich zu ihnen sprach, den Ton einer freundschaftlichen Unterhaltung an . . . Ich sprach zu meinen Zuhörern wie ein Vater zu seinen Kindern oder wie ein Bruder zu seinen Geschwistern spricht.«

Oberlin nahm Stubers Rat noch viele Jahre hindurch dankbar an, er hatte ihn auch nötig, denn es fiel dem Stadtkind nicht leicht, sich an die ländlichen Verhältnisse zu gewöhnen. Der Übereifer des jungen Pfarrers erregte bei manchen Gemeindegliedern einigen Anstoß. In einer Oberlin-Biographie lesen wir: »Daß er aber, was er sonntags einfach, doch voll brennenden Eifers gepredigt hatte, nun auch an den Wochentagen auf das gewöhnliche Leben anwenden und angewandt wissen wollte, daß er das Leben des Glaubens und der Liebe nun auch nach besten Kräften im großen, wie im kleinen wecken, stärken, kräftigen und vollbereiten wollte, daß er auch ihre häuslichen und bürgerlichen Angelegenheiten im Lichte des Evangelii zu beleuchten und zu strafen sich herausnahm, das schien ihnen ganz unleidlich zu sein.«

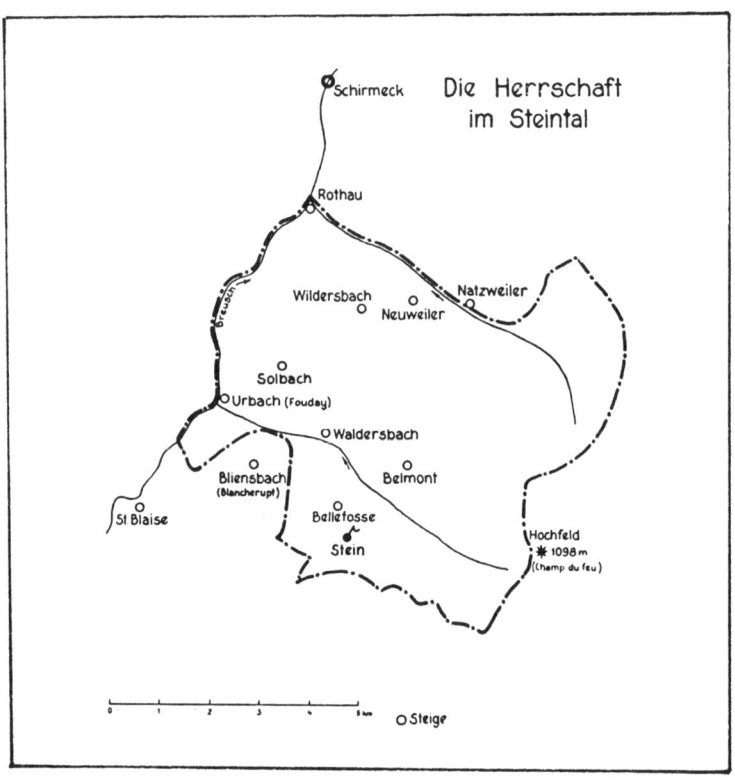

Aus W. Heinsius, J. F. Oberlin und das Steintal, Lahr 1956

5 Die Familie

Magadalene Salome Witter, die Tochter einer Cousine Oberlins, im Dezember 1747 in Straßburg geboren, stammte aus einer Professorenfamilie. Sie hatte ihre Eltern früh verloren und lebte bei einer vornehmen Tante.

Sie war etwa zwanzig und ein halbes Jahr alt, als sie nach einer Erkrankung nach Waldersbach, wo Oberlins Schwester den Haushalt führte, kam, um sich zu erholen. Johann Friedrich wetterte in einer Predigt gegen die aufwendigen Kleidermanieren der Straßburger, und er meinte auch Magdalene Salome. Sie hatte sich geäußert, sie würde nie einen Pfarrer heiraten. Eine innere Stimme sagte ihm: »Nimm die Jungfer Witter zur Frau!« Er wehrte sich dagegen. Er rang im Gebet um die rechte Entscheidung. Jedoch am Tag vor ihrer Abreise – es war der 5. Juni 1768 – fragte er sie, ob sie seine Frau werden wolle. In einer alten Oberlin-Biographie ist zu lesen: »Hier erhebt sich die Jungfrau von ihrem Sitze, hält, um ihr Erröten zu verbergen, die eine Hand vor ihr Gesicht, die andere reicht sie ihm dar und – der Bund ist geschlossen für Zeit und Ewigkeit und ist für beide Teile, ja für viele Tausende, eine Quelle des Heils und der seligsten Freude geworden.« Am 6. Juli 1768 fand die *Hochzeit* statt.

Die Tochter Louise Charité schrieb einmal: »Als Vater und Mutter heirateten, organisierten sie gemeinsam das Werk der Erziehung.« Magadalene Salome nahm junge Mädchen in ihr Haus auf und unterrichtete sie in Haushaltsdingen. An Sommerabenden und Winternachmittagen hielt sie Handarbeitskurse, die mit einem kleinen Examen abschlossen. Sie richtete eine »école du dimanche« (Sonntagsschule) ein, in der kleine Kinder beaufsichtigt und beschäftigt wurden, damit Mütter den Gottesdienst besuchen konnten. Bei der Ausbildung der »Anführerinnen der zarten Jugend« für die Kleinkinderschulen hat sie sehr mitgewirkt. Es ist unvorstellbar, was sich alles in dem alten, baufälligen Pfarrhaus abgespielt haben muß. Hier waren auch eine Apotheke, eine Leihbücherei und eine Verkaufsstelle für Handwerkzeug untergebracht.

Frau Oberlin schenkte in ihrer fünfzehnjährigen Ehe neun Kindern das Leben. Zwei von ihnen starben schon im frühen Kindesalter. Nach dem Tode eines Kindes im Jahre 1776 schrieb Oberlin an seine Mutter: »Nun sind unsere Erstlinge beider Geschlechter in höheren Schulen und der Bildung geschickterer Hände, als unsere sind, anvertraut.« Oberlin glaubte fest an eine Weiterentwicklung des Menschenwesens nach dem Tode.

Die vier Töchter heirateten Pfarrer, die drei Söhne studierten Medizin und Theologie. Der älteste, Frédéric Jérémie, starb im Jahre 1793 als Soldat; der mittlere, Charles Conservé, wurde Pfarrer in Rothau und später Arzt in Fouday. Vom Leben und Sterben des jüngsten Sohnes Henri Gottfried wird noch zu berichten sein.

Vater *Oberlin unterrichtete seine Kinder* schon im frühesten Alter. Er notierte, was er seinen Sohn Frédéric Jérémie, den zweieinhalbjährigen im Jahre 1774 lehrte. Er ließ ihn z. B. das Alphabet aufsagen, ohne daß der Kleine auf die Buchstaben sah; er ließ ihn auf einer schwarzen Tafel mit Kreide Linien ziehen; er zeigte ihm gemalte Bilder und erzählte ihm das Wichtigste und das Einfachste, was darauf zu sehen ist; er zeichnete ihm mit Bleistift Bilder auf Papier und ließ sie ausschneiden; er zeigte ihm eine geographische Karte und ließ ihn die Ländernamen lernen. Im Jahr darauf ließ er ihn französisch deklinieren und auch schon zählen. Er zeigte dem Kind Tierabbildungen und ließ es die französischen, die lateinischen und die deutschen Bezeichnungen lernen. Er tat noch anderes, was wir nach unseren Erkenntnissen als Verfrühung bezeichnen würden, doch es hat den Kindern gewiß nicht geschadet, da es in der familiären Vertrauensatmosphäre geschah. Später besuchten die Kinder die Dorfschule und einige von ihnen Schulen in Straßburg.

Aus dem, was Oberlin in das »Stammbuch« seiner Tochter Friederike Bienvenue schrieb[1], erfahren wir, welche innere Beziehung er zu seinen Kindern hatte: »Wann alle meine liebe Söhne und Töchter – Knechte und Mägde Jesu Christi seyn werden und mit Freude und Treue in Seinem Weinberge zu arbeiten sich bestreben und nur Ihm zu leben, ohne Rücksicht auf sich selbst . . . alsdann erst werde ich ein vollkommen glücklicher Vater seyn. Die Ernte ist groß, und der Arbeiter sind wenig.«

Der Gesundheitszustand seiner Frau, der er in herzlicher Liebe zugetan war, bereitete Oberlin manche Sorge. Er soll gebetet haben: »Ach, mein Gott, gib mir zur Nahrung bloß Kartoffelschalen, aber erhalte mir meine Frau am Leben![2]« Sie ahnte ihren nahen Tod – etwa neun Wochen nach der Geburt ihres neunten Kindes. Sieben Kinder waren noch am Leben, das älteste elf Jahre alt. Sie dankte ihrem Gatten für die Kenntnisse vom Himmel und von dem, was uns nach unserem Tode erwartet. Sie betete am Abend an den Betten ihrer schlafenden Kinder und nahm auf diese Weise von ihnen Abschied.

Frau *Magdalene Salome Oberlin starb* in der Frühe des 18. Januar 1783 nach noch nicht fünfzehnjähriger Ehe. Louise Scheppler, seit 1778 Helferin in der Pfarrfamilie und seit 1779 dazu »Führerin der zarten Jugend« in den Kleinkinderschulen der Gemeinde, hatte Oberlin an das Bett seiner sterbenden Gattin gerufen. Sie, die Zwanzigjährige, übernahm nun die Verantwortung für den Pfarrhaushalt.

Oberlin berichtete später: »Der Schmerz der Trennung war schrecklich und über alle Maße schmerzhaft . . .« Und an anderer Stelle[3]: »Ich warf mich hier auf die Knie nieder und strengte mich an, zu Gott zu beten, daß diese Ohnmacht nicht lange Zeit dauern möchte; ich wiederhole, daß ich mich anstrengte, denn so brennend auch mein Verlangen nach Erhörung war, so schien mein Gebet von Blei zu sein und wollte nicht gen Himmel steigen. Ich war gezwungen zu sagen: ›Lobet den Herrn alle Völker, denn seine Gnade wacht über dir immer und ewiglich.‹ Ach, sprach ich, was hast Du getan, o mein Gott, Du hast mir meine Frau entrissen und ich soll dich dafür loben! . . . Derselbe Gott, der diesen entsetzlichen Schlag über mich verhängt hatte, behandelte mich hierauf mit der größten Güte wie einen Kranken beim Phantasieren, den man nach und nach wieder zur Vernunft zu bringen sucht.«

Noch einige Jahre hindurch hatte Oberlin *visionäre Erlebnisse* mit seiner verstorbenen Frau, – im Traum und im Wachzustand. Sie gab ihm Ratschläge und warnte ihn vor Gefahren. Er sah diese Visionen nicht als Erscheinungen an, die sich nur in seinem psychischen Bereich abspielen, sondern als einen Einbruch der jenseitigen göttlichen Wirklichkeit in dieses unser Dasein. Er dankte Gott dafür, litt aber immer wieder darunter. Er wußte, daß Gott nach Zeugnissen der Heiligen Schrift durch Träume und

Visionen in das Geschehen dieser Welt hineinwirkt. Kriterium für seine Erkenntnisse und Erfahrungen blieb ihm die Bibel.

Die Visionenproblematik ist sehr vielschichtig. Sie führte und führt zu dankbaren Zustimmungen, aber auch zu kritischen Ablehnungen bis hin zu Warnungen vor der Lektüre von Oberlin-Biographien, in welchen die Visionen nicht verurteilt werden.

Wir wollen die Visionen nicht verschweigen, denn sie gehören zum Lebenslauf Oberlins, – können allerdings nur kurz darauf eingehen. Man sollte folgendes bedenken: Oberlin hat deutlich betont, daß Visionen nicht notwendig für den Glauben sind. Wir dürfen ihm jedoch zutrauen, daß er mit dem, was er berichtete, nicht gelogen hat. Wir wollen es in jedem Fall mit Respekt vor einem christlichen Bruder zur Kenntnis nehmen. Das Entscheidende an Oberlins Visionen ist doch sein Glaube an ein reales Jenseits des Todes, ein Jenseits, an dem wir als Glaubende schon hier Anteil haben. Wer der Auffassung ist, daß Gott es zuläßt, daß das Tor vom Jenseits in besonderen Situationen ein wenig (vielleicht nur zeichenhaft) geöffnet wird, sollte Respekt vor denen haben, die dies aus theologischen und anderen Gründen nicht für möglich halten. Auch der Respekt der letzteren vor den ersteren ist bei solchen über die Grenzen der menschlichen rationalen Erkenntnisse hinausgehenden Erfahrungen erforderlich. Bei alledem muß damit gerechnet werden, daß Erweiterungen und Entstellungen durch die menschliche Psyche mit am Werk sein können!

Oberlins Visionen-Erfahrungen sind eingebettet in seine Vorstellungen vom Jenseits, die er auf das Wort Jesu »In meines Vaters Hause sind viele Wohnungen« (Joh. 14, 2) gründete und neben anderen Zeichnungen und Aufzeichnungen in einer »Landkarte des Jenseits eine versuchsweise Darstellung der verschiedenen Welten« zu Papier brachte. Er war dabei von Swedenborg, dessen Bücher er kritisch las, von Lavater, Jung-Stilling, Oetinger, Bengel, Böhme, Pordage und Leade beeinflußt. In allen seinen Aussagen führte er Bibelstellen an, die er jedoch nicht als einzelne Hinweise, als Andeutungen hinnahm, sondern in ein System zu bringen versuchte. Er war sich der Problematik und Ungenauigkeit seiner Darstellungen bewußt, wies aber dabei darauf hin, daß auch Landkarten nie die Wirklichkeit seien und daß auch der Katechismus biblische Aussagen systematisiere.

Neues Jerusalem.	**Sitz der Majestät Gottes.**	war das Vorbild des Himmels. Hebr. IX.
Offenb. XXI, 2. 10 — 27. Tob. XIII, 10 — 22. Esaj. XXIV, 23. LX, 1 — 22. Gal. IV, 26.	Wird erst am Ende nach allen Revolutionen dieser Welt offenbar werden. Liegt auf dem Berge Zion. Hebr. XII. 22.	Die **Bundeslade** und der **Gnadenstuhl,** zwischen den Cherubim im Allerheiligsten. 2 Mos. XXV, 22. 2 Chron. V, 7. Hebr. IX, 5.
Berg Zion, oder Reich Gottes. Vierter Himmel. Die Krone des Lebens. Offenb. II, 10. Esaj. II, 2. 3. XXIV, 23. XXXV, 10. Hebr. XII, 22. Offenb. XIV, 1 — 5.	Wohnung derer, die zum Maaße der vollkommenen geistlichen Manns-Größe Jesu Christi gelangt sind — der Erstgebornen — der vollendeten Heiligen. Ephes. IV, 13.	**Das Allerheiligste.** 1 Kön. VI, 16. 2 Chron. III, 8. Hebr. IX, 3.
Paradies. Dritter Himmel. Das Leben. Matth. VII, 14. Joh. V, 24. Offenb. II. 7. Lucä XXIII, 43. 2 Cor. XII, 2. 4.	Wohnung derer, die reines Herzens sind, oder die zur vollkommenen Abtödtung ihrer Lüsten und Sinnlichkeiten gelangt sind. Matth. V, 8. Mal. III, 3. Ephes. V, 27. Hier sind die zehn Jungfrauen, die nicht Bräute, aber zu der Hochzeit des Lammes eingeladen sind. Matth. XXV.	**Das Heilige,** in welches nur die Priester den Eintritt hatten. 2 Chron. III, 1 — 7. Hebr. IX, 2. 6.
Meer. Zweiter Himmel. Offenb. XX, 13. Wird Joh. XI, 11. der Schlaf genannt. 1 Cor. XI, 30.	Wohnung derer, bey welchen die Wiedergeburt und der Kampf gegen die Sünde angefangen hat, von der untersten Stufe bis zum vollkommenen Sieg. Unvollkommene Wiedergeborne.	**Das eherne Meer,** wo sich die Priester wuschen, ehe sie in das Heilige eingiengen. 2 Mos. XXX, 18 — 21. 1 Kön. VII, 23. Es stund im Vorhof.
Tod. Erster Himmel. Röm. VIII, 13. Offenb. XX, 13. 14. I, 18. Esaj. XXV, 8. Hos. XIII, 14.	Wohnung der ganz natürlichen Menschen, die nur an irdischen Dingen Geschmak und Vergnügen hatten, und sich nicht bestrebt haben, weder die Sinnlichkeit und die Sünde zu bekämpfen, noch wiedergeboren zu werden — ob sie gleich übrigens Gott fürchteten.	**Die Vorhöfe.** 2 Mos. XXXV, 17. 1 Kön. VI, 3. VIII, 64. Hier ist es, wo Jesus lehrte; dann die drey, der Vorhof, das Heilige und das Allerheiligste, wu den zusammen der Tempel genannt. Matth. XXI, 12. 13.
Die Höllen. Offenb. XX, 13. 14. I, 18. Hos. XIII, 14.	Wohnung der bösen Menschen, die in Haß, Ungerechtigkeit, Geiß, Uneinigkeit, Hochmuth oder in andern Lastern gelebt haben, und so gestorben sind.	**Das Thal Kidron,** ein dunkles Thal, unten am Tempel. 2 Chron. XXIX, 16. XXX, 14.
Feuer-See. Offenb. II. 11. XIX, 20. XX, 6. 14. 15.	In diesen werden alle diejenigen nach dem jüngsten Gerichte geworfen, deren Namen nicht werden im Buche des Lebens geschrieben gefunden werden — oder alle die bis dahin nicht haben bessern wollen. Offenb. XIX, 20. XX, 10. 14. 15. XXI, 8. — Aber die drey andern Welten, oder Behältnisse, das Meer, der Tod und die Hölle, werden abgeschafft, und ihre Regenten, oder Fürsten, in den Feuerpfuhl geworfen werden. Offenb. XX, 13. 14. XXI, 1.	**Das Thal Hinnom,** oder die Gehenna. Nehem. XI, 30. 2 Kön. XXIII, 10.

6 Ereignisse und Erfahrungen bis zum Jahre 1789

Es war schon etwas Besonderes, was Oberlin im September 1769 erfuhr und beobachtete: Ein einfaches Bauernmädchen, 24 Jahre alt, *Sara Banzet,* versammelte in Belmont in ihrer Stube Kinder, die noch nicht zur Schule gingen, und auch ältere, lehrte sie das Stricken, das sie im Pfarrhause Stuber gelernt hatte, und beschäftigte sie mit Spielen. Dies war für Oberlin eine »entzückende Nachricht«, – und hier liegt der Ursprung der modernen europäischen Sozialpädagogik, entstanden aus der Initiative einer jungen Frau. Dies führte, wie Oberlin in seinen Chronologischen Tabellen notierte, zur Einrichtung der »Anführerinnen der zarten Jugend«. Seit 1770 gründete er in seinen fünf Dörfern und drei Weilern *Strickschulen-Kleinkinderschulen.*

Im Juli des Jahres 1771 wurde *Johann von Dietrich neuer Lehnsherr des Steintals.* Der wohlhabende Baron – einer der vier Stettmeister, der leitenden Beamten der Stadtregierung Straßburgs – erwarb den neuen Besitz vom Grafen d'Argenson, der in finanzielle Schwierigkeiten geraten war. Der Lehnsherr durfte von den Einwohnern des Gebiets Steuern einziehen oder Dienstleistungen verlangen. Von den armen Steintälern war nicht viel Geld einzuholen. Man erwartete von dem Protestanten von Dietrich ein besonders wohlwollendes Verhalten den evangelischen Gemeinden gegenüber. Bei seinem Einzug wurde ihm ein großes Fest bereitet, über das Oberlin einen ausführlichen Bericht schrieb.

Das Verhältnis zwischen dem Baron und dem Pfarrer war insgesamt gut, wenn es auch gelegentlich zu Auseinandersetzungen kam. So konnte der Patronatsherr seinen Pfarrer ermahnen, wenn er eine zu strenge Gerichtspredigt hielt; er konnte ihn sogar wegen seiner visionären Erfahrungen einen »lächerlichen Visionär« nennen. Doch er erhöhte das kärgliche Pfarrergehalt; er stellte für einen Schulhausbau das Holz zur Verfügung; er ermöglichte im Jahre 1777 die Erneuerung der Kirche zu Fouday; er sorgte dafür, daß im Jahre 1787 ein neues Pfarrhaus das alte

»Rattennest« ersetzte – so nannte Oberlin seine bisherige Wohnstätte.

Im Jahre 1774 wurde Oberlin gefragt, ob er einen *Ruf nach Ebenezer* in der britischen Kolonie Georgia *in Nordamerika* annehmen würde. Obwohl noch kein direkter Ruf an ihn ergangen war, beschäftigte ihn diese Anfrage in hohem Maße. Verwandte und Freunde konnten es nicht verstehen, daß er seine Gemeinde schon nach siebenjähriger Tätigkeit verlassen wollte. Er bemühte sich, in ausführlichen Briefen an seinen Bruder Jeremias Jakob, Professor an der Universität zu Straßburg, und an seine Mutter seine Bereitschaft, auszuwandern, zu begründen. Es war nicht nur sein Hang zu Reisen, dem er in Zukunft kaum nachgeben wird, sondern seine Absicht, in der deutsch-lutherischen Pfarrei zu Ebenezer die im Steintal gesammelten Erfahrungen, was das Kleinkinderschul- und Schulwesen und das soziale Wirken anbetrifft, weiterzugeben. Er hatte erfahren, daß es in Ebenezer Afrikaner gab, die als Sklaven leben mußten. Und außerdem befanden sich in der Nähe vier Indianerstämme, die zu missionieren waren.

Ob er nicht doch ein schlechtes Gewissen hatte, seine Gemeinde zu verlassen? Er beruhigte es mit dem Gedanken, daß sie in Herrn von Dietrich einen protestantischen Grundherrn und in seinem Vorgänger Pfarrer Stuber einen ständigen Berater hätte.

Der Ausbruch der amerikanischen Freiheitskriege im Jahre 1775 veranlaßte ihn, alle Pläne aufzugeben. Er mußte erkennen, daß es nicht Gottes Wille war, seine Steintalgemeinde zu verlassen. Und er wurde auch noch sehr gebraucht. In Zukunft lehnte er alle Angebote, in eine andere Gemeinde überzuwechseln, ab.

Während seiner ganzen Amtszeit blieb sein Interesse für die *Äußere Mission* wach. So pflegte er Kontakte zur Missionsgesellschaft in London, die im Jahre 1795 gegründet wurde, zur Evangelischen Missionsgesellschaft zu Basel, die im Jahre 1815 entstand, und schließlich zu der im Jahre 1822 in Paris gegründeten Evangelischen Missionsgesellschaft für die nichtchristlichen Völker, von der er einen am 15. August 1823 geschriebenen Brief erhielt, in dem zu lesen ist:

»Diese fromme Opfergabe ist ein neues Zeugnis von jenem hellsichtigen und feurigen Eifer, der Sie auszeichnet und den Sie so gut Ihrer Umgebung mitzuteilen wissen, wofür Sie auch Gott nicht unbelohnt lassen wird.«

Unter dem Datum 30. Januar 1782 notierte Oberlin in seinem Almanach »Naissance de la Société Chrétienne« (Geburt, Entstehung der *Christlichen Gesellschaft«*). In einem Brief an die Predigerkonferenz zu Herrnhut vom Jahre 1808 gab er als Gründungsjahr 1780 an. Wahrscheinlich begannen zu diesem Zeitpunkt die Vorbereitungen. Er hatte die Absicht, das Gemeindeleben zu intensivieren, indem er *die* Glieder sammelte, die ganz bewußt als Christen leben wollten. Es galten folgende Regeln[4]:

»Wiedergeburt – Heiligung – Wir sind alle einig in Jesu Christo – . . . Wir wollen ihm hinfort reiche Frucht bringen – . . . Stärket den inneren Menschen . . . – Vorsteher sind Aufseher, welche die Mitglieder aus ihrer Mitte wählen – nicht allein die Vorsteher, sondern auch die Mitglieder sind schuldig, einer über den andern zu wachen, einander zu ermahnen und zu warnen – . . . Seid gute Haushalter – gute Erzieher . . . Forschet fleißig in der Schrift . . . – Entschlaget euch der Sorgen – Verlieret kein Zeit – . . . Bemühet Euch, das Wohl aller Menschen zu befördern – . . . Lasset uns einen Teil unserer Erwerbung zum allgemeinen Besten verwenden . . .«

Diese Regeln sind denen ähnlich, die Oberlin bei seiner Erneuerung des Taufbundes für sich selbst aufgestellt hat, Regeln, die in pietistischen Kreisen üblich waren und deren Beachtung er auch von denen erwartete, die später als Diakonissen eingesetzt wurden.

Oberlin wollte eine Kerngemeinde, eine Kirche in der Kirche gründen, wie es die Herrnhuter an verschiedenen Orten taten. Er soll etwa 130 Mitglieder gesammelt haben. Doch sein Versuch scheiterte. Gemeindeglieder, die nicht mitmachten, fühlten sich benachteiligt und vernachlässigt. Ganz besonders wurde kritisiert, daß die Mitglieder Vorteile in einer gegründeten Entschuldungskasse hatten. Es liefen Beschwerden beim Lehnsherrn von Dietrich ein, der über Oberlins Bruder und Mutter sein Mißfallen ausdrückte.

Oberlin war klug genug, Konsequenzen zu ziehen. Unter dem Datum vom 11. Mai 1783 notierte er, daß der Name und die äußere Form der Christlichen Gesellschaft aufgelöst sei. Der Gemeinde machte er deutlich, daß die Regeln für die ganze

Gemeinde Gültigkeit hätten, – sie waren ja auch vorher und nachher Inhalt seiner Predigten als Auslegung der Heiligen Schrift.

Am 22. Januar 1810 schrieb Oberlin an seinen Freund Spittler in Basel:

»Gott führte mich immer mehr von menschlichen Lehrsätzen ab und in die heilige Bibel hinein. Nach dem Tod meiner lieben Frau, das heißt, seit 27 Jahren, schloß mir der liebe Gott etwas auf, wovon ich auch nicht geträumet hätte, den Aufschluß gab er mir durch Umstände, die meinem Herzen schmerzlich waren und mir manche Thränen in meiner harten Lage auspreßten.«

Die neue Erkenntnis gewann er also *im Jahre 1783* nach dem Tode seiner Frau aus Weisungen des Alten Testaments: Oberlin gab seitdem den *dreifachen Zehnten.* Dazu legte er drei Büchsen an.

Den Inhalt der ersten Büchse (nach 3. Mose 27, 30; Maleachi 3, 10; Tobias 1, 6; Matth. 23, 32) verwandte er »zum Bau und zur Erhaltung der Kirchen und Schulhäuser; zur Unterstützung der Lehrerinnen und zum Einkauf von Bibeln und frommen Büchern . . .«

Den Inhalt der zweiten Büchse (nach 5. Mose 14, 22–27; 5. Mose 16, 16; Tobias 1, 6) verwandte er »1. zur Verbesserung der Wege nach den Kirchen und Schulen; 2. zu Schulmeistergehalten; 3. zu allen Werken von öffentlicher Nützlichkeit; 4. zu den kleinen Ausgaben für meine Pathen; 5. zu Sonntagsessen für die armen Leute meiner übrigen Dörfer.« Er forderte seine Gemeindeglieder auf, für folgende Zwecke mit ihren Gaben beizusteuern: »1. für die Schul- und Kirchenvorsteher . . .; 2. zu Ausgaben für das Landvolk von Belmont, Fouday und Zolbach; 3. zu Ausgaben für die Armen von Waldbach, wenn sie die Armen der anderen Dörfer zu Besuche einladen; 4. zu Schadenersätzen, Dächerreparaturen usw.«

Und nach 5. Mose 14, 28 gab Oberlin alle drei Jahre in die dritte Büchse den zehnten Teil seines Jahreseinkommens für Entschädigungen bei Feuersbrünsten, für Notdürftige usw.

Über diese genauere Verwendung des Inhalts der Büchsen hat Stoeber in seiner Oberlin-Biographie berichtet. Dem Brief an Spittler entnehmen wir, daß Oberlin auch von seinen Gemeindegliedern den Zehnten erwartete: »Bey dem Allen käme es nur gar

nicht auf die Menge, sondern auf die Treue und einen demüthig-
kindlichen und genauen Gehorsam an; so daß des Armen seine 3
Zehenden, auch wann sie nur den Werth von 3 Pfennigen ausmachen, vor Gott soviel gelten als des Reichen 3 Louis d'Or oder 3
Tausende.«

Magdalene Salome Oberlin, geb. Witter
(1747–1783)

7 Lenz in Waldersbach (1778)

An die Grenze seiner seelsorgerlichen Möglichkeiten und der
Belastbarkeit der Pfarrfamilie wurde Oberlin durch den Aufent-
halt des genialen, durch seine Krankheit unglücklichen Dichters
Jakob Michael Reinhold Lenz (1751–1792) vom 20. Januar bis
zum 8. Februar 1778 in Waldersbach geführt. Lenz stammte aus
dem Baltikum, sein Vater war dort Pfarrer, später Generalsuper-
intendent von Livland. Er studierte in Königsberg fünf Semester
Theologie, hörte jedoch besonders gern Vorlesungen beim Philosophen Kant. Im Jahre 1771 begleitete er zwei kurländische
Barone nach Straßburg, die dort in französische Militärdienste
traten. Hier kam es zum Bruch mit dem Vater. Er wurde mit
Goethe bekannt und konnte sich in seinem dichterischen Schaffen
mit ihm messen. Seine im Jahre 1774 geschriebene »Komödie«
»Der Hofmeister« hatte Oberlin schon im Jahre 1775 gelesen.
Nachdem Goethe Friderike Brion, die Pfarrerstochter aus Sesenheim, verlassen hatte, verliebte sich Lenz in sie und wollte, wie als
Dichter, auch als Liebender sein Nachahmer sein. Daran, daß sie
ihn ablehnte, litt er sein Leben lang. Er durchlebte ruhelose Jahre,
davon eine kurze Zeit bei Goethe in Weimar, wurde von dort
jedoch wegen einer »Eseley« fortgeschickt. Der Vater Lenz war
mit den Wegen seines Sohnes unzufrieden.

Bis gegen Ende Dezember 1777 hielt sich der völlig verarmte
Lenz bei Christoph Kaufmann (1753–1795) in Winterthur in der
Schweiz auf. Hier brach zum ersten Mal seine Geisteskrankheit
aus. Pfeffel – ein damals bekannter Dichter –, der ihn gut kannte,
schrieb an einen Freund: »Ich hoffe aber doch, der gute Lenz
werde wieder zurecht kommen, und darum sollte man ihn nach
Hause jagen oder ihm einen bleibenden Posten ausmachen.« In
einem weiteren Brief heißt es:

»Oberlin ist der Mann und vielleicht der einzige Mann, der ihm,
wenn sein Kopf es erlaubt, Geschmack an einer anhaltenden und
nützlichen Arbeit beibringen kann.«

Solcherart waren die Erwartungen der Freunde Lenzens und
Oberlins. Und sie haben Lenz veranlaßt, nach Waldersbach zu

gehen. Oder trieb es ihn nicht auch selbst dorthin? Er suchte bei Oberlin sich selbst.

Es gibt eine Notiz von Röderer, einem Freunde Lenzens zu Straßburg, die besagt, daß Lenz sich zu Weihnachten 1777 in Sesenheim aufgehalten habe. Da heißt es: »Alles verloren, seiner selbst nicht mächtig, will er (Lenz) mit einem Messerstich seinem Leben ein Ende machen. Durch einen Schrei des Entsetzens aus Friderikens Munde, die dabei in Ohnmacht fällt, auf einen Augenblick zur Besinnung gebracht, stürzt er, sie todt wähnend, über sie hin, in Thränen zerfließend und sich die Haare raufend.« – (Es wird von manchen Seiten angezweifelt, ob diese Notiz den Tatsachen entspricht.)

Lenz traf am 20. Januar 1778 in Waldersbach ein. Oberlin hat einen Bericht über diesen Besuch geschrieben, der Georg Büchner für seine Novelle »Lenz« zur Verfügung stand. Er hielt den Gast mit hängenden Locken für einen Schreinergesellen. Lenz brachte Grüße von Christoph Kaufmann (1753–1795) aus Winterthur. (Kaufmann vertrat »kraftgenialische« und philanthrophische Gedanken, gehörte zum Bekanntenkreis Goethe – Herder – Lavater – Merck, wurde später Glied der Brüdergemeine und wirkte in Schlesien als Arzt.)

Als Oberlin den Namen Lenz hörte, erinnerte er sich, einige Dramen von ihm gelesen zu haben – Lenz bat Oberlin, ihn nicht danach zu beurteilen. Man unterhielt sich über Livland und die Russen.

Der Gast wurde im gegenüberliegenden Schulhaus untergebracht. In der Nacht gab es Unruhe: Lenz badete in eiskaltem Wasser im Wassertrog an der Schule. Man beruhigte ihn, er ging in sein Zimmer.

Am nächsten Tag begleitete er Oberlin zur Beerdigung einer Großmutter mit 176 Abstämmlingen nach Belmont. Lenz benahm sich wie ein liebenswürdiger Jüngling.

Lenz schnitt Silhouetten für Lavater, er besuchte die Kleinkinderschulen, er wünschte zu predigen und hielt eine »schöne Predigt«, »nur mit etwas zu vieler Erschrockenheit«. Herr Kaufmann und seine Braut waren auch in der Kirche. Er lud Oberlin ein, mit ihm in die Schweiz zu seiner Hochzeit zu fahren – dabei könnte auch Lavater besucht werden. Am 26. Januar reisten sie ab. Lenz sollte den Pfarrer vertreten. Doch Oberlin kam über

Köndringen, Emmendingen nur bis Colmar. Ihn hat wohl eine Nachricht von Waldersbach erreicht.

Zurückgekehrt, erfuhr er Genaueres, was sich am 3. Februar ereignet hatte. Oberlin berichtet:

»Ich erfuhr, daß HE L . . . nach vorhergegangenem eintägigen Fasten, Bestreichen des Gesichtes mit Asche, Begehrung eines alten Sackes den 3ten Hornung ein zu Fouday verstorbenes Kind, so eben Friderike hieß, aufwecken wollte. Welches ihm aber fehl geschlagen.«

Er hatte sich eine Wunde am Fuß beigebracht, die Frau Oberlin pflegte. Am 4. Februar sprang er wieder in den Brunnen. Er wurde im Pfarrhaus einquartiert.

Am 5. Februar kehrte Oberlin heim. Er ermahnte Lenz, sich mit seinem Vater auszusöhnen, erinnerte an das 4. Gebot und führte seelsorgerliche Gespräche mit ihm.

Es gab noch einige Auseinandersetzungen mit Lenz. Zweimal stürzte er sich aus dem Fenster und verletzte sich dabei. Er versuchte, sich mit einer Schere zu erstechen. Er rannte mit dem Kopf gegen die Wand. Frau Oberlin litt sehr unter alledem. Sie war im fünften Monat schwanger.

Oberlin redete sehr ernst mit ihm: ». . . wir nahmen Sie mit Liebe auf, meine Frau pflegte Ihren kranken Fuß mit so großer Geduld – und Sie erzeigen uns so viel Böses, stürzen uns von einem Schrecken in den andern.«

Lenz bat um Verzeihung. Er jammerte, er hätte Frau Oberlin umgebracht, – und mußte nun wieder beruhigt werden.

Man stellte zwei Wächter an, die ihn nicht aus den Augen ließen. Wenn er zur Ruhe kam, konnte er sehr liebenswürdig sein. Doch Oberlin konnte es nicht weiter verantworten, ihn bei sich zu behalten. Er veranlaßte, den Kranken nach Straßburg zu bringen.

Oberlin schreibt gegen Schluß seines Berichts: ». . . und so endigt sich, hoffentlich für uns, diese schreckvolle Geschichte . . . Hier schon fällte man verschiedene Urteile von uns, die Einen sagen, wir hätten ihn gar nicht aufnehmen sollen, – die anderen, wir hätten ihn noch nicht fortschicken sollen . . . Was wir hier getan, haben wir als vor Gott getan, und so wie wir jedes mal allen Umständen nach glaubten, daß es das beste wäre. Ich empfahl den Bedauerns würdigen der Fürbitte meiner Gemeinde und empfehle ihn in der nemlichen Absicht jedem, der dies liest.«

In Straßburg hielt sich Lenz zuerst bei seinem Freunde, dem Theologen Röderer (1749–1815) auf, er besuchte auch Stuber. Danach schickte man ihn nach Emmendingen zu Goethes Schwager Schlosser. Dieser schrieb über ihn: »Aber er ist wie ein Kind, keines Entschlusses fähig, ungläubig gegen Gott und Mensch.«

Durch Schlossers Vermittlung arbeitete er bei einem Schuhmacher. Der Vater kümmerte sich nicht um seinen Sohn.

Schließlich plante man, ihn nach Jena zum Jurastudium zu bringen, wo sein Bruder Karl studierte. Doch es waren keine Mittel dazu vorhanden.

Im April 1779 schrieb der Vater an Herder, er habe seinen Sohn Karl veranlaßt, Jakob in die Heimat zurückzubringen.

Im Juni 1779 traf Lenz in Riga ein. 1780 hielt er sich in Dorpat auf, danach in Petersburg. Seit Ende 1781 lebte er in Moskau.

In der Nacht vom 23./24. V. 1792 (nach unserem Kalender am Morgen des 4. VI.) wurde er tot auf einer Straße in Moskau gefunden. Seine Ruhestätte ist unbekannt geblieben.

Jakob Michael Reinhold Lenz (1751–1792)
Kupferstich von G. F. Schmoll (um 1775)

8 Erziehung

Als Oberlin 22 Jahre alt war, im Jahre 1762, schrieb Rousseau seinen »Emile«. Als er sieben Jahre in Waldersbach tätig war, im Jahre 1774, gründete Basedow das Philanthropinum in Dessau und Pestalozzi die Armenerziehungsanstalt in Neuhof. Diese Andeutungen mögen darauf hinweisen, mit welchen Erwartungen man sich in der Zeit Oberlins mit Pädagogik beschäftigte und Pädagogie erprobte. Oberlins Erziehungseifer entsprang seiner pietistischen Glaubenshaltung und seiner Aufgeschlossenheit für Gedanken der Aufklärung. Er war mehr Praktiker als Theoretiker, man nannte ihn auch einen Erzieher aus Intuition, einen mystischen Erzieher. Doch trotz seiner Neigung zur Kontemplation sah er die Realitäten dieser Welt, die für ihn allerdings wie ein Vorhof zur anderen Welt Gottes war.

Oberlin hat kein Lehrbuch über Pädagogik geschrieben, beschäftigte sich allerdings mit pädagogischer Literatur. Er liebte die Schriften von Sokrates und lernte nicht nur von Comenius, sondern auch von Rousseau. Auf dem Vorsatzblatt seines Exemplars von Rousseaus »Emile« notierte er: »Ein ausgezeichnetes Buch! Zwar halte ich nicht jeden der Hinweise, die Rousseau hier gibt, für wirklich ausführbar oder für das Beste; aber das Buch enthält so viele wertvolle Einsichten und richtige Beobachtungen, daß ich wirklich wünschte, jeder Lehrer und alle Eltern läsen es immer wieder.«

Oberlin kannte auch Fénelons Schrift »Traité de l'éducation des filles« (Abhandlung über die Erziehung der Mädchen) und hat gewiß folgendem Gedanken zugestimmt: »Nichts ist mehr vernachlässigt worden als die Erziehung der Mädchen, und doch steht, vom christlichen Standpunkt betrachtet, die Frau gleichberechtigt neben dem Mann.« Oberlin bahnte der Frau den Weg in die öffentliche Verantwortung, indem er Erzieherinnen in den Strickschulen-Kleinkinderschulen und Diakonissen besonderer Art in der Gemeindearbeit einsetzte.

In seiner Bibliothek befanden sich auch Werke von Pestalozzi, Campe, Basedow, von August Hermann Francke und auch das Buch des Herrnhuter Pädagogen Paul Eugenius Layritz

(1707–1788) »Betrachtungen über eine verständige und christliche Erziehung« (Barby 1776), in dem Oberlin für ihn wichtige Stellen durch Unterstreichungen markierte. Interessant sind seine Anmerkungen zu August Hermann Franckes Schrift »Wie Kinder zur wahren Gottseligkeit und christlichen Klugheit sollen angeführt werden«: »Der Titel gibt es, zu was für einer Klasse diese Schrift gehört. Die Schreibart ist simpel und für jedermann faßlich und ist jedermann, besonders Eltern und Lehrmeistern zu empfehlen. Er gibt sehr gute Regeln an und geht ziemlich ins Umständliche (en détail). Wenn man ihm in allen Stücken folgt, so ist kein Zweifel, die Kinder werden gehorsam werden und Gott und Mensch aufrichtig lieben. Es ist daher nicht nur einmal, sondern öfters zu lesen.«

Diese Notiz findet sich in einem Schriftstück »Educatio«. Oberlin notierte hier Titel von pädagogischen Büchern und Aufsätzen und schrieb seine Bemerkungen dazu.

Sein Erziehungsoptimismus geht auch aus einer Predigt über Sprüche Salomos Kapitel 19, 18 hervor: »Gebt der Welt eine bessere Erziehung, wie bald wird das Elend verschwinden und die Morgenröte des Glücks wieder hervorbrechen. Ja, liebe Christen, wenn die Erziehung besser wäre, so würden wir bald menschenfreundlichere Fürsten, redlichere Beamten, treuere Lehrer, nützlichere Bürger, fleißigere Hausväter, brauchbareres Gesinde haben. Jeder würde an seinem Teil das gemeinsame Beste befördern, weil jeder von Jugend auf zu seiner vernünftigen Bestimmung wäre vorbereitet worden.«

In Oberlins Aufzeichnungen finden wir eine Notiz über »Ursachen der in unserem Lande bisher vernachlässigten Erziehung der Jugend«: »Erstens der Mangel an öffentlicher und allgemeiner Erinnerung und Ermunterung an die Eltern, ihre Kinder wohl aufzuziehen. Zweitens von gar vielen Kirchendienern wird die häusliche Erziehung der Kinder als ein ihr Amt gar nicht angehendes und unter ihrer Aufsicht nicht gehörendes Geschäft betrachtet. Drittens hat es unterdessen an solchen Büchern gefehlt, deren man sich als einer Handleitung in dem Geschäfte der Erziehung hätte bedienen können.«

Es werden noch weitere Gründe aufgezählt. Wir können sie zusammenfassen: Weder Staat noch Kirche haben ihre Verantwortung für die Kindererziehung erkannt. Es gab bisher keine

38

ausreichende Literatur, außerdem sind die Eltern zu wenig über das Wesen des Menschen informiert.

Dabei wird die Erziehung als notwendiges Geschäft angesehen. Oberlin notiert aus einer Wochenschrift: »Kinder sind von Natur in einem elenden Zustande und bleiben lange Zeit höchst bedürftig.« »Der Zustand eines Menschen, wenn er im natürlichen Zustand ohne Erziehung bleibt, ist höchst kläglich.« »Menschen ohne oder von schlechter Erziehung sind der menschlichen Gesellschaft in allen Ständen schädlich.«

»Natur und Religion fordern Eltern zur Erziehung ihrer Kinder auf.«

»Die Erziehungspflicht, welche Eltern mit dem Vater- und Mutternamen von der Vorsehung bekommen haben, gibt ihnen Gelegenheit, insbesondere auf eine recht ausnehmende Weise wohltätig zu handeln – wohltätig gegen ihre Kinder unmittelbar – wohltätig gegen ihre Zeitgenossen – und selbst auch gegen die Nachwelt.«

Wenn Oberlin selbst auch keine systematische Pädagogik geschrieben hat, so waren seine Predigten doch erfüllt mit pädagogischen Anregungen. Er hat spezielle Erziehungspredigten gehalten, mehrere über Kolosser 3, 21: »Ihr Väter, erbittert eure Kinder nicht, auf daß sie nicht scheu werden« – doch dazu in viele andere Predigten pädagogische Ermahnungen eingeflochten.

Wie begründet er seine pädagogischen Empfehlungen? Sehr oft aus dem natürlichen Menschenverstand. Aber ihre Dringlichkeit erhalten sie durch die biblische Botschaft. Wir finden bei Oberlin folgende Begründungen: 1. Gott hat die Gebote gegeben, darum sind sie zu befolgen. 2. Beispiele aus dem Alten Testament lassen uns Erfolg oder Mißerfolg der Erziehung erkennen. 3. Jesu Worte haben Gültigkeit. 4. Jesus dient uns in seinen verschiedenen Altersstufen als Vorbild (hier werden wir ein Fragezeichen setzen müssen, da wir sehr wenig über die Altersstufen Jesu wissen). 5. Wenn wir bedenken, was Jesus für uns getan hat, erhalten wir Kraft und Mut für unsere Erziehungsaufgabe. 6. Was in den Briefen des Neuen Testaments gesagt ist, verdient größte Beachtung.

Wie kritisch Oberlin Methoden von Personen aus der Bibel ansieht, möge folgendes Beispiel zeigen. Nach 1. Samuelis, Kapitel 1, 11 hat Hannah gelobt: »Herr Zebaoth, wirst du deiner Magd

Elend ansehen und an mich gedenken und dieser Magd nicht vergessen und wirst deiner Magd einen Sohn geben, so will ich ihn dem Herrn geben sein Leben lang und soll kein Schermesser auf sein Haupt kommen.« Dazu sagt Oberlin: »Hannah verdient gewiß großes Lob, daß sie so dankbar gegen Gott war. Aber ist ihre Dankbarkeit denn von einer Art, daß wir sie wirklich anerkennen und nachahmen könnten? Welches Recht hat sie, ihren Sohn hinzugeben, ohne vorher zu wissen, ob solche Lebensweise ihm zusagen würde oder nicht?«

Daran knüpft Oberlin auch heute noch gültige Betrachtungen über verhängnisvolle Elternwünsche. Er erinnert daran, wie verkehrt es ist, wenn Eltern ihre Töchter nach ihren eigenen Vorstellungen verheiraten wollen. Oder: ein Kind soll Arzt werden, obwohl es auf Grund seiner Eigenart ein tüchtiger Kaufmann hätte werden können. Oberlin sagt: »Befragt sie nach ihren Wünschen und Talenten und lehrt sie lieber selber ihren Beruf wählen, indem ihr sie recht führt und bereit seid, sie zu beraten. Man füllt seinen Platz in der Welt nur richtig aus, indem man seinen Gaben gemäß am rechten Platz steht.« In einer anderen Predigt sagt er: »Erzwinge nicht eigenmächtig einen Lebensplan für die Kinder, erfrage jedoch denselben bei Gott.«

Die Erziehungsverantwortung der Eltern beginnt schon sehr früh, ja schon vor der Eheschließung: »O ihr Jünglinge und Töchter, die ihr noch Zeit übrig habt, tretet doch nicht in den wichtigen Stand der Ehe, bis ihr durch Unterricht und Erfahrung tüchtig und geschickt geworden seid, Kinder zu regieren. Und ihr erfahrenen Eltern und Großeltern, macht es euch zur Pflicht, Verlobten und neu angehenden Eheleuten mit Wort und Tat an die Hand zu gehen, sie mit unseren Erfahrungen bekanntzumachen. Ihr Unglücklichen aber, die ihr schon mit Kindern begabt seid und noch nicht wißt, wie man sie ziehen und leiten soll, eilet, eine Kunst zu lernen, die ihr ohne die größten Heilsfehler (?) nicht entbehren könnt . . . Höret auch fleißig den Unterricht, den ich etliche Sonntage nacheinander von dieser Stätte aus erteilen werde.«

Wir bemerken dazu: eine Elternschule schon vor 200 Jahren!

Die Eltern sind aus säkularen und religiösen Gründen verpflichtet, die Kinder zu erziehen: »Wir sind alle von unserer Geburt an Weltbürger und genießen alle ohne Unterschied die großen

Vorteile der bürgerlichen Einrichtungen zum gemeinsamen Besten. Man hat also recht, von uns zu erwarten, daß wir auch auf unserer Seite zur Vermehrung der allgemeinen Glückseligkeit mit beitragen. Was bringt aber wohl im allgemeinen mehr Nutzen oder mehr Schaden als die verschiedene Erziehung.«

In einer Predigt vom Jahre 1769 über Sprüche Salomonis, Kapitel 9, 11 ermahnt er die Gemeindeglieder, die Kinder zu unterrichten: »Alle Kinder gehören dem Herrn Jesus. Er hat sie mit seinem teuren Blut erkauft. Gibt sich nun jemand Mühe, bloß aus Liebe zu Gott Kinder auf den guten Weg zu leiten, gottesfürchtig zu machen, lesen zu lehren, damit sie Gottes Wort selbst lesen können, er unterrichtet dem Herrn Jesu sein Kind und wird von ihm dafür belohnt werden.«

Mit der eigentlichen Erziehung kann nicht früh genug begonnen werden. Oberlin beklagt sich darüber, daß die Eltern erwarten, der Pastor solle später die schwierige Arbeit der Erziehung tun, die eigentlich schon in der Wiege beginnen müßte. Auch das ist also keine moderne Erkenntnis. Wer sich nicht um die Erziehung kümmert, gilt als Unmensch und ist weniger als ein vernunftloses Tier. Das Menschenkind bedarf einer besonderen Fürsorge.

»Wer weiß nicht aus der Erfahrung, daß die Menschen in ihrer Kindheit viel schwächlicher und elender sind als andere Geschöpfe, bei denen weit nicht so viel Mühe und Zeit erfordert wird, um sie zu ihrer Vollkommenheit zu bringen. Was ist wohl dürftiger, als ein Kind? Wieviel Arbeit kostet es, bis es sich nur ein wenig auszuhelfen weiß. Wieviel Übungen besonders, bis die Kräfte der Seele in Gang gebracht werden können.«

Oberlin setzt sich mit den Einwendungen der Eltern auseinander. Erster Einwand: Das Werk ist zu schwer. Oberlin sagt: »Wer hat euch erlaubt, Kinder zu zeugen, wenn ihr sie nicht zu erziehen wißt?« Zweiter Einwand: »Ich habe zu viel zu tun; ich habe keine Zeit zur Kinderzucht.« Oberlin sagt: »Wißt ihr nicht, daß man das Notwendige vor dem weniger Notwendigen allezeit vorziehen muß?«

Einige weitere Zitate aus Oberlins Predigten mögen uns einen Eindruck von seinen praktischen pädagogischen Ratschlägen vermitteln:

»Die Quelle der Unordnung der Kinder ist das schlechte Beispiel der Erwachsenen.«

Kinder müssen gemeinsam beschäftigt werden. Gott will keine Nichtstuer und Müßiggänger, nicht einmal im Paradies. »Wenn in euren Gemeinden Mütter sind, die eure Kinder wohl zu beschäftigen wissen in mancherlei Arbeiten wie Stricken, Nähen, Spinnen, die ihre Kinder nicht in anderen Häusern, auf der Straße oder sonstwo herumlaufen lassen, . . .«, die werden belohnt. Aus einem Buch »Selbstprüfung einer edlen Mutter« schrieb Oberlin ab: »Ich muß die Tätigkeit meiner lieben Kleinen beständig zu beschäftigen suchen. Ich muß durch Liebe sie gewöhnen, alles aus Liebe und mit Liebe zu tun.« Dem entspricht, was er in einer Predigt über den Vers 21 des Kolosserbriefes Kapitel 3 (1776 und 1801) sagte: »Macht euch von euren Kindern lieben. Laßt sie wissen und glauben, daß ihr ihr bester, zärtlichster, treuester Freund seid.«

»Die Fortschritte der Kinder sind zu loben. Doch ständig übertriebene Lobsprüche sind nicht angebracht.«

»Zeigt nicht gleich aller Welt ihre kleinen vielleicht sogar schlecht geratenen Handfertigkeiten, als wären's Wunderwerke. Ihr liebt den falschen Ruhm, ihr sucht euer eigenes Geltungsbedürfnis zu befriedigen auf Kosten der Talente der Kinder.«

»Bei der Frage, woher die Kinder kommen, täusche sie nicht durch falsche Antworten!«

»Erzieht eure Kinder ohne zu viel Strenge . . . mit andauernder zarter Güte, jedoch ohne Spott.«

Oberlin meint, gelegentlich sei die Rute nötig. »Überzeugen wir uns, daß Lauheit oft ebenso unheilvoll ist wie übertriebene Strenge.«

»Wer zu viel geschlagen wird, macht sich zuletzt darüber lustig.«

»Und was uns betrifft, sollten wir es fertig bringen, die kleinen Glieder unserer Familien zu strafen, ohne sie zu schlagen.« Oberlin bedauert, daß die Lehrer oft gezwungen sind zu schlagen. Wie sollen sie sonst mit den Kindern fertig werden? Man dürfte daher statt 30 bis 40 Kinder nur 20 in einer Klasse haben.

Bei aller konsequenten Willenserziehung warnte Oberlin immer wieder vor zu großer Strenge. Er notierte einmal: »Die erste Züchtigung, die ein Kind erhält, muß so beschaffen sein, daß sie einiges Nachdenken verursache. Gleichwohl strafe man die Kinder nicht mehr als notwendig und zu rechter Zeit, nie aber im

Zorn.« Zur Willenserziehung gehöre auch, daß man nicht auf jeden Wunsch der Kinder eingehen dürfe.

Folgende Erkenntnis sollte auch für uns Bedeutung haben: »Ja, meine Brüder, man muß Gott um Hilfe bitten. Ein öfteres Gebet würde unseren Zorn zähmen, uns vorsichtiger, weiser machen.« »Durch zu strenge Strafen zerstören wir das Vertrauen, verwunden wir das legitime Ehrgefühl der Kinder und geben wir selbst ein schlechtes Beispiel von verdorbenen Sitten.«

Zahlreich sind Oberlins Äußerungen zur religiösen Erziehung, z. B. im Manuskript »Educatio«. Aus den Auszügen aus den »Reden an die Jugend« des englischen Nonkonformisten Doddridge (1702–1751) erfahren wir einiges über den Inhalt einer christlichen Kindererziehung. Den Kindern soll gezeigt werden, daß Gott ein sehr großer und ein sehr gütiger Gott sei. Die Belehrung über Jesus soll die Sünde und die Vergebung zum Inhalt haben, dazu vor allem die Liebe Jesu zu den Kindern. Weitere Erziehungsinhalte sind nach Doddridge, der von Oberlin sehr geschätzt wurde: Gehorsam gegen die Eltern, eine liebevolle und leutselige Gewogenheit gegen alle Menschen, der Fleiß, die Aufrichtigkeit, die Demut und die Selbstverleugnung.

Oberlin selbst sagt zur religiösen Erziehung der Kinder:

»So wären denn eure Kinder dem dreieinigen Gott durch die Taufe geweiht und durch das Gebet empfohlen. Aber die Kinder selbst kennen ihn noch nicht.« »Es ist daher eure Schuldigkeit, bei der ersten Entwicklung ihres Verstandes, ihnen denselben zu erkennen zu geben. Macht es hierin nicht anders als Jesus, der Anfänger und Vollender eures Glaubens. Er weist die Menschen immer zuerst auf die schönen Werke seines himmlischen Vaters, um durch die Betrachtung derselben anschauende und unvertilgbare Begriffe von ihm beizubringen. Sehet die Vögel unter dem Himmel an. Das war die Sprache, die er führte, das war die Weise seines Unterrichts. Wie verkehrt handeln die meisten Menschen, daß sie den Begriff von Gott und den göttlichen Dingen den Kindern durch den Katechismus beibringen wollen, der noch dazu meistens in den unverständlichsten Ausdrücken verfaßt ist . . .«

In den folgenden Worten werden wir an Pestalozzi erinnert: »Machet zuerst eure Kleinen auf die wundervolle Bildung ihres Leibes aufmerksam. Zeigt ihnen, wie alle Glieder zusammenhängen, welches der Gebrauch der Arme, der Füße, des Kopfes, der Sinne usw. sei.« Die Reihe geht fort bis zu den Werken der Natur und dem großen Nutzen der Gestirne.

Die Kinder sollen nicht mit Worten beten, die sie überhaupt nicht verstehen. Oberlin empfiehlt einige kurze Gebete:

»Gott, ich danke dir für den guten Schlaf.« – »Gelobet sei der Herr für das Vergnügen, das er uns verschafft hat.« – »Ehre sei Gott, der uns Speise und Kleidung gibt.« – Tue Gutes, Herr, all meinen Wohltätern und Freunden.«

»Das ist die Weise, wie ihr ihnen frühzeitig Lust zu diesen heiligen Geschäften beizubringen habt. Weg mit den unverständlichen Gebetsformeln, mit den hochtrabenden Liedern, welche Kenntnisse voraussetzen, die eure Kinder noch nicht besitzen.«

Gewiß sollen den Kindern die Kenntnisse langsam beigebracht werden. Oberlin gibt auch Anweisungen dafür. Die biblischen Dinge sollen durch wohlersonnene Gleichnisse und Geschichten verständlich gemacht werden. Dazu könne man Bücher benutzen wie die von Campe und Salzmann.

Oberlin praktizierte seine pädagogischen Erkenntnisse und Erfahrungen institutionell in seinen Strickschulen-Kleinkinderschulen, seinen Schulen und in dem Pensionat.

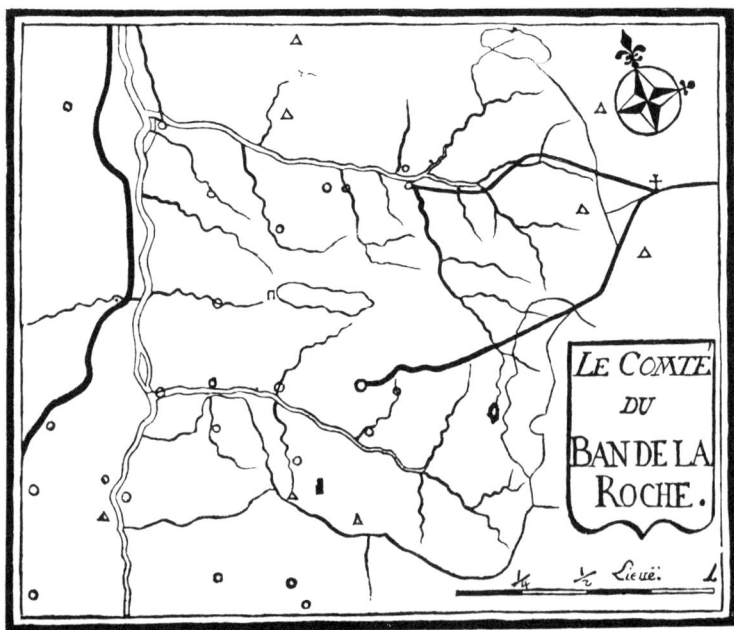

9 Schulen

Der Oberlin-Forscher Georg Meyer hat nach dem Studium von Kirchenbüchern festgestellt, daß schon 1750 über die Hälfte der Steintalbewohner »mit der Feder umzugehen wußte«. Um die Verdienste Stubers und Oberlins hervorzuheben, wurde von einigen Biographien der Eindruck erweckt, als ob die Kinder vor ihrer Zeit nur von Vieh-Hirten unterrichtet worden wären. Stuber mag auch in einem Fall diese Beobachtung gemacht haben. Schon seit 100 Jahren vor Oberlin wirkten im Steintal tüchtige Schulmeistergeschlechter. Um das Ansehen und die Bedeutung ihres Berufs zu heben, legte man ihnen schon vor Stubers Zeiten den Titel »Régent de l'école« (Vorsteher der Schule) bei. Stuber hatte in Waldersbach eine »Strohhütte« (ein Haus mit Strohdach), die zugleich als Lehrerwohnung dienen mußte, herrichten lassen. Er hatte sich um die innere Ausstattung des Schulwesens bemüht, z. B. ein »Alphabeth méthodique« (Methodisches Alphabeth), das dem Lesenlernen diente und noch heute im Museum zu Waldersbach zu sehen ist, drucken lassen. Oberlin konnte bei seinem Amtsantritt auf dem allen aufbauen, aber dennoch bedurfte es großer Anstrengungen, um das Schulwesen weiterzuentwickeln.

Die Schulnot in Bellefosse, dem Geburtsort Louise Schepplers, muß allerdings besonders groß gewesen sein. Oberlin notierte in seinen »Annalen« zum Jahre 1773 (S. 75): »1. Der dortige Schulmeister, ein armer, guter Tropf, der schon über 30 Jahre dieses Amt verwaltet, kann weder recht lesen noch schreiben, noch recht französisch reden, hat . . . keine Lebensart, keine Ordnung und wird von den Kindern verachtet. Wir wünschen ihm immer einen anderen Lebensunterhalt zu verschaffen, um einen anderen an seinen Platz zu setzen, allein es konnte bisher nicht geschehen und wäre der Sache nur halb geholfen, denn 2. muß aus Mangel einer Schulstube die Schule nach der Reihe in den Bauernstuben gehalten werden.«

Nach Georg Meyer gehörte Bellefosse zur Schulgemeinde Waldersbach. Da der Unterricht zumeist nur im Winter stattfand, mußten die Kinder den Weg von Bellefosse nach Waldersbach (ca. 4 km) oft bei Sturm und Regen, bei Schnee und Kälte machen. Der Lehrer von Waldersbach hatte auch noch in Fouday und Solbach zu unterrichten. In den Filialorten fand der Unterricht in gemieteten Zimmern oder (wie in Bellefosse) reihum in den Wohnstuben statt.

Der junge Pfarrer sah es als seine vordringliche Aufgabe an, Schulräume zu schaffen. Er wehrte zu diesem Zeitpunkt den Gedanken an den Neubau eines Pfarrhauses ab, obwohl er nötig gewesen wäre. Oberlin notierte einmal:

»Ich wohnte in einem alten Hause, wo ich stete Widerwärtigkeiten und Verluste durch die Ratten erlitt; ich wollte jedoch so lange keine neue Wohnung, bis die Schulen zweckmäßig eingerichtet waren.«

Oberlins Plan, in Waldersbach baldmöglichst ein Schulhaus zu errichten, stieß auf große Schwierigkeiten. Es war die Meinung vieler Bürger, man solle, wenn überhaupt, zuerst eine Schule in Bellefosse bauen. Dadurch wäre die Schule zu Waldersbach entlastet. Doch vor allem gab es grundsätzliche Kritik am Ausbau des Schulwesens. Fürchtete man, daß die Kinder durch regelmäßigen Schulbesuch von der Mitarbeit in den Familien abgehalten würden? Und wer sollte den Bau und die Folgekosten bezahlen? Oberlin verließ sich darauf, daß Stuber und ein großer Freundeskreis ihm helfen würden. Um die Bürger zu beruhigen, unterschrieben Oberlin und Stuber folgendes Aktenstück, das sie der Gemeinde vorlegten:

»Wir, die Endesunterzeichneten, der frühere Pfarrer von Waldbach, und der gegenwärtige Pfarrer, bezeugen, daß wir für die nothwendige Wiedererbauung und Vergrößerung des Schulhauses zu Waldbach in der liebreichen Theilnahme einiger Wohlthäter die hinreichenden Fonds gefunden haben, die uns gegen die besagte Pfarrei und besonders gegen die Commune Waldbach die Verpflichtung möglich machen, besagte Wiedererbauung zu unternehmen, ohne daß die Einwohner die geringste Beisteuer oder irgend eine Frohn dabei zu leisten haben . . . Straßburg, den 25. November 1768 . . .«

Oberlin fuhr einige Male nach Straßburg, um Geld einzusammeln. Doch er tat noch mehr. Vor etwa 25 Jahren fand ich im Museum zu Straßburg einen Brief vom 22. Oktober 1769 mit folgendem Inhalt:

»Nach Standes-Gebühren geehrte Freunde!

So ungern ich sonst jemand beschwerlich bin, so sehr ich sonst geneigt bin, lieber mein eigenes zu opfern, als jemand ein Kosten zu machen, so sehr treibet mich jetzt mein Beruf, meinen Neigungen entgegen zu handeln. Die Vorsehung hat mich in eine Gegend berufen, wo auf allen Seiten nichts als Mangel und Elend ist. Ich habe 5 Dörfer in meiner Pfarrei, in vieren wird die Schuhl von Haus zu Haus gehalten, da dann die Kinder und der Schuhlmeister sich meistens erbärmlich behelfen müssen. Erstere sind aus Mangel des Platzes oft genöthiget, hinter dem Ofen und unter den Webstühlen ihren Platz zu nehmen, . . . In Waldersbach allein aber war ein Schuhlhaus, oder vielmehr ein Barrak . . .

Das dauerte mich sehr. Eltern beraubten sich des Dienstes, ihre Kinder schickten sie hierher, zahlten Kostgeld, und doch konnten die Kinder nicht alles profitieren, was sonst zu profitieren wäre; das war nun eine Ursach, warum wir einen neuen Bau unternahmen.« (Oberlin weist noch darauf hin, daß das alte Schulhaus sehr baufällig sei. Zur Vorbereitung der Kinder auf das Abendmahl hätte Stuber Zimmer gemietet.) »Da ich hierher kam, fand ich 50 Kinder, den Winder darauf 58 und den letzten Winder 71.« (Oberlin wendet sich gegen Vorwürfe, das neue Haus sei zu groß gebaut, er schreibt, es sei auch für Kostgänger des Internats vorgesehen.) »Ich habe gehört, daß einige Personen es zu prächtig nennen.« (Oberlin weist auf die Festigkeit und Solidität des Baus hin!) ». . . bitte ich alle wohldenkende Persohnen, uns dafür hilfreiche Hand zu leisten. Wer kärglich säet, wird kärglich ernten. . . . und gibt es eine bessere Gelegenheit, im Himmel Geld anzulegen, als wenn man es zu einem Bau anwendet, wo Kinder, die Jesus, unser künftiger Richter, so lieb hat, unterrichtet werden, wie sie auch ewig seine Kinder und Erben werden können. Welch entzückende Freude wird es sein, wenn einem Jesus an dem sonst so erschrecklichen Tage des Gerichts die Kinder vorzeiget, die durch die gute Anstalt, zu deren man behilflich gewesen, seine Kinder und des ewigen Lebens teilhaftig geworden sind? Wenn er voll Zärtlichkeit einem sagt, was du diesen Kleinen und vor der Welt Geringen gethan hast, das hast du mir gethan?

Waldersbach, 22. Oktober 1769　　　　　Joh. Friedrich Oberlin,
　　　　　　　　　　　　　　　　　　Pfarrer zu Waldersbach«

Wenn uns eine solche Art der Werbung auch nicht zusagt, so wollen wir sie doch nicht verschweigen, denn sie gehört zu »Oberlin«, sie charakterisiert seine Fürsorge für die Kinder, seinen Eifer und seine religiösen Vorstellungen.

Jedenfalls hatte er es gewagt, schon am 31. Mai 1769 den Grundstein vom Schulhause zu Waldersbach zu legen. Das Richtfest konnte schon am 14. August stattfinden, doch die Einweihung erst zu Anfang des Jahres 1771, da es an Handwerkern fehlte, um die Bänke und Tische herstellen zu lassen.

Mit dem Schulhausbau in Bellefosse ging es schnell voran. Der 21. August 1773 war für Oberlin »der glückliche Tag«, an dem er ein Stück Wiese erwerben konnte. Dies war auch ein glücklicher Tag für die Gemeinde Bellefosse. Georg Meyer berichtet: »Das Schulelend ihrer Kinder sollte nun bald ein Ende finden. Der Eifer beim Schulhausbau war darum auch sehr groß. Täglich arbeiteten die Männer beim Ausheben der Fundamente und beim Wegschaffen der Erde. Am 3. 9ten waren, wie berichtet wird, fast alle Mannsleute im Wald, das Holz für das Gebälk zu fällen. All dies taten sie freiwillig, ganz ungeheißen. Hieran erkannte ihr Bauherr Oberlin wohl, daß er diesmal die Sache richtig angefaßt hatte. Er fand nun seine Leute so, wie sie wirklich waren, als begeisterungsfähige und opferbereite Menschen, fern von Starrsinn und Schwerfälligkeit.«

Der Oberlin-Biograph Stoeber berichtet:

»Das Schulhaus in Belmont wurde im Jahre 1779 erbaut. Oberlin war es gleichfalls, der es erbauen ließ; der Grundherr gab das Holz her, aber nichtsdestoweniger kostete es den wohlthätigen Pfarrer die Summe von 1500 Franken.« Das Schulhaus zu Solbach wurde im Jahre 1807 erbaut. Der Vorsteher der Gemeinde, Martin Bernard, überließ den Bauplatz und übernahm einen guten Teil der Kosten.

»Für die Erbauung eines Schulhauses zu Fouday überwies der treffliche Präfekt des Niederrheins, Herr Lezay-Marnesia, 1550 Franken, und Herr Legrand stellte den Bauplatz zur Verfügung. Auf diese Weise erhielten also alle fünf Dörfer der Pfarre innerhalb weniger Jahre neue, zweckmäßige Schulhäuser.«[5]

Wegen der inneren Ausgestaltung des Schulwesens informierte sich Oberlin durch Literatur, die ihm zur Verfügung stand, er wollte aber auch von den Erfahrungen von Fachleuten direkt lernen. Um die als vorbildlich geltenden Schulverhältnisse in der badischen Markgrafschaft Hochberg kennenzulernen, unternahm er *zwei Erziehungsreisen* zu Pferde in den Jahren 1778 und 1780 nach Emmendingen und nach Köndringen zu Johann Georg Schlosser, Goethes Schwager, und zu Nikolaus Christian Sander[6]. Beide, der Oberamtmann Schlosser und der Pfarrer und Dekan Sander, kümmerten sich verantwortlich um das Schulwesen in ihrem Bereich, vertraten jedoch verschiedene Ansichten. Sander hatte in seiner Jugend in Halle in den Einrichtungen August Hermann Franckes pädagogische Grundsätze des deutschen Pietismus kennengelernt.

Oberlin war von der Armenfürsorge in Sanders Gemeinde besonders beeindruckt: »Die Armen werden mit allem nöthigen verpfleget, Bücher, Kleider, Winterkleider, Brod etc. bekommen sie soviel nach der selben Umständen nöthig, aber kein Geld, weil es ihnen gefährlich wäre. Reicht die Armenkasse nicht hin, so wird, insonderheit das Brodliefern auf die Burger verteilt, und wo sie es dem Armen, der mit Vorzeigung seiner vom Spezialat unterschriebenen Liste es bey den Burgern hohlen soll, zu sauer machen, muß es der Bettelvogt einfordern.«

Oberlin berichtet über Sanders Schulordnung: »Die Schuhlen werden eingetheilet in Winter- und Sommerschuhlen. Im Sommer gehen die Kinder nur 2 Stunden jedes in die Schuhl. Im Winter aber fünf. (Fünf Stunden! Das dünkt mich zu viel. Die dem Bauernstand so nötige Festigkeit des Körpers muß darunter leiden. Auch dünkten mich die Kinder etwas blaß.)«

»Es ist aber erstaunlich, wie weit die Schüler gebracht werden. Vollkommen im Lesen, Schreiben, Rechnen, eine große Menge Sprüche, viele Kenntnisse der Religion und professormäßige Fertigkeit in einem Theil der Geometrie und derselben Beweise!«

Oberlin mußte sich mit den in manchen Bereichen gegensätzlichen pädagogischen Auffassungen von Schlosser und Sander auseinandersetzen.

Schlosser ist gegen das Auswendiglernen von Liedern etc. In der Markgrafschaft Hochberg erhielten die Kinder 16 Stunden Religionsunterricht in der Woche. – Sander sagt: »Die Übung des Gedächtnisses ist Säen, Verstand und Herz erndten davon. Gottes Wort ist der Samen, der einstens unter Gottes Segen keimet und wurzelt. Nimm den Samen weg oder gib ihn nicht, was kann in höherm Alter keimen?« – Oberlin ist gegen zu viel Auswendiglernen. »Wo des Samens zu viel ist, da wächst nichts, es gibt ein Fruchtboden.«

Sander will, außer in der »Geometrischen Klasse« Große und Kleine zugleich unterrichten. Sie sollen auch voneinander lernen. Schlosser ist für Klassenunterricht, wenn auch mit weniger Stunden am Tage und dafür über einen längeren Zeitraum hin. – Oberlin entscheidet sich für die Klasseneinteilung.

Schlosser ist der Auffassung, es herrsche zuviel Zwang in der Markgrafschaft Hochberg. »Man sollte der Menschen natürliche Freyheit mehr respektieren.« – Oberlin bemerkt dazu: »Gewiß ist, daß die schöne Ordnung einem, der aus dem Steinthal kommt, unvergleichlich wohl thut.«

Schlosser vertritt die Ansicht, die Kinder sollten in erster Linie zur bäuerlichen Arbeit erzogen werden und das »Lernen, Rechnen, Schreiben, Geometrisieren und Katechismusieren« könne nur Nebenwerk sein. – Sander ist der Meinung, daß die Kinder in den Ferien in die landwirtschaftliche Beschäftigung eingeführt werden können. – Oberlin tritt für reichlichen theoretischen Unterricht als Anschauungsunterricht ein.

Schlosser befürwortet Kinderarbeit, er veranlaßt, daß 40 bis 60 Waisenkinder in einer Fabrik beschäftigt werden – ein Versuch, mit dem er scheiterte. Sander sieht in der Schule ein Gegengewicht gegen eine Ausnützung der Kinder. – Oberlin wird ihm gewiß zustimmen. Dem Oberlin-Biographen Stoeber stand ein von Oberlin geschriebenes Manuskript mit dem Titel »Schulen« zur Verfügung[7]. Hier erfahren wir Wichtiges über *Gliederung und Lehrinhalte des Schulwesens*. Bei alledem ist zu beachten, daß die allgemeine Schulpflicht in Frankreich erst etwa 100 Jahre später gesetzlich verordnet wurde. In Predigten, Ermahnungen und durch Belohnungen für regelmäßigen Schulbesuch bemühte sich Oberlin, alle seine Dorfkinder für den Schulbesuch zu gewinnen, und – wer nicht am Schulunterricht teilnahm, sollte nicht konfirmiert werden.

Das Schulsystem gliederte sich in neun Klassen. Die ersten drei Klassen bildeten die »Schulen der Jüngsten oder Anfänger«, die vierte bis sechste die »Mittelschulen« und die siebente bis neunte die »Schulen der Erwachsenen«.

Der Schulbesuch begann für Kinder im Alter von sieben Jahren.

In der Ersten Klasse lehrte man die Kinder: »1) üble Gewohnheiten ablegen; 2) die Gewohnheit des Gehorsams, der Aufrichtigkeit, der Sanftmuth, der Ordnungsliebe, der Wohlthätigkeit, des Anstandes usw. sich aneignen; 3) die kleinen Buchstaben kennen zu lernen; 4) ohne Buch buchstabieren; 5) die Sylben und schwere Worte gut aussprechen, sowie beim Hersagen den Ton richtig setzen; 6) die richtige französische Benennung der Dinge, die man ihnen zeigt; 7) die ersten Begriffe der Moral und Religion.«

In der Vierten Klasse wird u. a. gelehrt: »3) die Elemente der Geographie erklären, z. B. was eine Insel, Meerenge, Seehafen, Vorgebirge usw. ist, von Festung, Schloß, Zöllen, Verschiedenheit der Regierungen, Sprachen und Religionen reden . . .«

Oberlin soll erwogen haben, den Schulunterricht im Steintal auf der deutschen Sprache aufzubauen. Doch davon hat ihm Stuber dringend abgeraten. Er schrieb am 23. November 1768 an Oberlin[8]: »Eine deutsche Schule ist nicht ratsam. Wer nicht Deutsch kann, lernt es nimmermehr darin, und die wenigen, die Deutsch können, finden schon Gelegenheit, lesen zu lernen, wenn sie wollen. Ich weiß wohl, die Begierde derer, die immer noch eine deutsche Schule verlangen, erweckt einen dazu; aber Sie werden sehen, daß es nicht das ist, was Sie davon erhoffen.«

Oberlin legte großen Wert darauf, daß die Kinder, die zu Hause zumeist einen für Nicht-Steintäler unverständlichen Dialekt »Patois« sprachen, nicht nur in den Schulen, sondern schon in den Strickschulen-Kleinkinderschulen in einem guten Französisch unterrichtet wurden. Aber auch die deutsche Sprache sollte geübt werden: In der Vierten Klasse u. a.: 7) deutsche Buchstaben lehren; in der Sechsten Klasse u. a.: 4) deutsch lesen, ohne zu buchstabieren; in der Achten Klasse u. a.: 5) mündlich vom Deutschen ins Französische übersetzen; in der Neunten Klasse u. a.: 4) schriftliche Übersetzungen vom Französischen ins Deutsche in französischer Schrift machen.

Auch die Einübung in Alltagsverpflichtungen wird nicht vernachlässigt, man kann an Themen für unsere Berufsschulen denken. So gilt als Stoff für die Neunte Klasse u. a.: 2) die Anfangsgründe des Ackerbaus, der Gerichtsschreiberei und die Gesundheitsvorschriften; 5) Briefe, Quittungen, Rechnungen oder Noten von Handwerkern machen; 7) ein allgemeines und gedrängtes Bild der Wissenschaft und Künste.

Montag.	Dienstag.	Mittwoch.	Donnerstag.	Freitag.	Samstag.
1) Rechnen.	1) Rechnen.	1) Rechnen.	1) Rechnen.	1) Rechnen.	1) Lesen und übersetzen vom Deutschen in's Französische.
2) Französische Grammatik.	2) Aufsatz über eine moralische Erzählung.	2) Französisches Lesen und Zergliederung eines Abschnitts.	2) Französische Grammatik.	2) Französisches Lesen.	2) Grammatik.
3) Französisches Lesen.	3) Französische Grammatik.	3) Diktiren u. d. zergliederten Abschnitt corrigiren.	3) Ein Kapitel von deutschen Worten dictiren.	3) Grammatikalische Zergliederung.	3) Noten und Gesang.
4) Geographie.	4) Französisches Lesen.	4) Katechismus, d. h. Kinderlehre.	4) Noten und Gesang.	4) Geographie.	4) Kinderlehre.

Stoeber-Burckhardt[9] übermittelt uns ein Unterrichtsverzeichnis ohne Angabe, aus welcher Zeit es stammt. Es handelt sich wohl um die Achte Klasse. Während der jahrzehntelangen Wirksamkeit Oberlins gab es gewiß auch manche Veränderung und Weiterentwicklung des Schulwesens im Steintal. Jean Luc Legrand (1755–1836), der im Jahre 1813 seine Seidenbandfabrikation von St. Morand in das Steintal verlegte und im Jahre 1814 mit seiner Familie seinen Wohnsitz in Fouday nahm, wuchs immer mehr in die Verantwortung für die Schulen hinein, je mehr sich Oberlin aus diesem Bereich zurückzog. Auch mit dem Schwiegersohn Oberlins, Pfarrer Rauscher, der im Jahre 1825 Nachfolger Oberlins in der Gemeinde wurde, arbeitete mit Legrand gut zusammen. Legrand errichtete mit eigenen finanziellen Mitteln eine Art Berufsschule (auch »Pflanzschule für Handwerker« genannt), in der den jungen Leuten Kenntnisse in landwirtschaftlichen Fragen, in der Textilfabrikation und in kaufmännischen Angelegenheiten vermittelt wurden.

Über seine Schularbeit erfahren wir Interessantes aus einem Bericht »Johann Lukas Legrand und die Schulen der Pfarrei Waldbach, im Steinthale. – Auf Verlangen eines Freundes besonders abgedruckt, aus dem protestantischen Kirchen- und Schulblatt für das Elsaß, Novemberheft 1836«[10].

»Jedes Kind, ohne Ausnahme, das im Laufe des Schuljahrs, das am 1sten Junius beginnt, sieben Jahre alt wird, ist verpflichtet, die Schule zu besuchen, und in derselben 8 Jahre, bis zum 15ten zu verweilen, in welchem Jahre es feierlich, am Ostermontage, confirmiert wird und an dem heil. Mahle Theil nimmt. . .. « »Die Schüler jeder Gemeinde sind eigentlich in drei Schulen eingetheilt: in die kleine (untere), die mittlere und die obere. Jede dieser Abteilungen hat zwei Klassen. In den beiden unteren Abteilungen hat jedes Kind ein Jahr in jeder Klasse zu verweilen, in der obern muß es zwei Jahre in jeder Klasse bleiben, so daß der ganze, stufenweise Lehrkurs erst in 8 Jahren geendet ist.« – Also ein Jahr weniger als früher!

»Die Schulen der oberen Abtheilung beginnen, im Sommer um 5 Uhr Morgens, und im Winter um halb 8 Uhr, und dauern 3 Stunden; die mittlere und kleine Abtheilung, die vereinigt sind, erhalten ebenfalls 3 Stunden Unterricht, und folgen unmittelbar auf die große Abteilung. Diese Zeit reicht bei der guten Methode und dem Eifer der Lehrer hin, die Kinder alles das zu lehren, was sie zu wissen nöthig haben, und hat dabei den Vortheil, daß die Eltern sich bereitwilliger zeigen, ihre Kinder bis zum 15ten Jahre in die Schule zu schicken, weil sie, im Sommer, die zu Feld- und Hausarbeiten nöthigen Kinder schon um 8 Uhr, im Winter um halb 11 Uhr wieder für den ganzen Tag zurück erhalten. Die Vakanzen (Ferien) finden dreimal im Jahre, jedesmal 14 Tage, Statt: zur Zeit der Heuärnte, der Fruchtärnte und des Einsammelns der Kartoffeln.« –

Die Lehrinhalte entsprechen weithin denen aus dem früheren Plan Oberlins. Der Deutschunterricht wird in diesen Plänen nicht erwähnt.

An jedem Mittwoch kommen die Schüler und Schülerinnen der oberen Abteilung der fünf Schulen des Steintals im Schulhause zu Waldersbach zusammen. Der Lehrer der einen Schule prüft die Schüler einer anderen, darauf folgt »eine freundschaftliche Konferenz unter den Lehrern über die Methoden und über die gelesenen Bücher« – also eine Lehrerfortbildung! Alle Klassen aller Abteilungen versammeln sich nach Ostern für drei Wochen in Waldersbach zu einer »allgemeinen Schule« (école générale), in der mündliche und schriftliche Prüfungen vorgenommen werden und für gute Leistungen Preise verteilt werden.

Der feierliche Höhepunkt des Schullebens ist das Fest auf einer der Anhöhen bei Waldersbach am Nachmittag des Himmelfahrtstages. »Es besteht in Wettrennen, Schießen nach der Scheiben mit Armbrüsten, Werfen nach derselben mit Ballen, Klettern, überhaupt in gymnastischen Übungen. Auch hier werden Preise, und zwar wieder mit Rücksicht auf die erhaltenen guten Noten, ausgetheilet. Sie bestehen, für die Knaben, in Hemden, Strümpfen, Mützen, Schnupftüchern, Dintenfässern usf. Ein Theil dieser Preise, wie Hemden, Strümpfe, Schnupftücher, werden durch die Mädchen in der Schule genäht und gestrickt, die sich durch ihre Geschicklichkeit in diesen Handarbeiten, welche dazu gewählte Mütter prüfen, ebenfalls zu Preisen befähigen, die in Büchern, Bändern, gesponnener Baumwolle, Nadeln, Scheeren usw. bestehen.«

Schon im Jahre 1778, nach seiner ersten »Schul- und Erziehungsreise« zu Sander und Schlosser, hatte Oberlin eine *Schüler-Mitverantwortung* ins Leben gerufen. Die Schüler wählten selbständig ihre Vertretungen, ihre Aufsichtspersonen[11].

Diese werden, je nach ihrer Stellung, die sie einnehmen, halbjährig, vierteljährig oder wöchentlich gewählt oder bestätigt. Der Aufseher der kleinsten Gruppe, die aus sechs Kindern besteht, sollen »ein wachsames Auge haben auf alles, was vorgeht«. An der Spitze der Ordnung steht der halbjährig gewählte Älteste, er soll über das Betragen und die »Moralität« aller Verantwortlichen wachen. Die Schüler werden beim Heimgehen aus der Schule, bei Begräbnissen und bei allen Diensten, die das Schulleben betreffen, beaufsichtigt. Verstöße sollen den nächsthöheren Graden oder schließlich auch den Schullehrern gemeldet werden, dies jedoch wohl nur dann, wenn die Schüler nicht unter sich zurecht kommen. Die Lehrer legen Listen an, in denen »leichte Verfehlungen«, »bedeutende Vergehungen« und »jede gute Handlung« durch Punkte oder Striche vermerkt werden. Zu den guten Handlungen zählen z. B. »Fleiß, geregeltes Betragen, Sanftmuth, Artigkeit, Höflichkeit, Schnelligkeit bei Lösung einer Aufgabe, Edelmuth, pünktlicher und ausgezeichneter Gehorsam«.

Wir werden den von Oberlin im Jahre 1778 eingeführten Erziehungsmethoden in den Schulen wenig Verständnis entgegenbringen. Sie erklären sich aus Oberlins Vorliebe für Zucht und

Ordnung als Voraussetzung für ein verantwortliches Leben als Christ und Bürger, aus seiner Erkenntnis, daß Belohnungen im Erziehungsprozeß letztlich hilfreicher sind als Strafen, und insgesamt aus der Übernahme praktischer Erziehungsmethoden von Pädagogen der Aufklärung wie z. B. Basedow.

Als Motto über der *Methodik Oberlins* könnte ein Satz aus Pestalozzis »Buch der Mütter . . .« stehen: »Die Kinder müssen durchaus nur in der Anschauung lernen.« Oberlins schon in Straßburg begonnene Naturaliensammlung tat hier ihre guten Dienste. Für den Geographieunterricht zum Beispiel wurden Umrißkarten in Holz geschnitten und gedruckt, um dann von den Kindern mit Bezeichnungen und Farben versehen zu werden.

Gepreßte Pflanzen dienten der Anschauung, ersetzten aber nicht das direkte Erleben draußen in der Natur. Schon in der Kleinkinderschule hatten die Kinder eine große Anzahl von Bezeichnungen für Pflanzen, Tiere und Steine aus der Umgebung gelernt.

Über die *Lehrer und ihre Besoldung* erfahren wir aus dem Bericht über Legrand: »Den fünf Schulen stehen ebenso viele Lehrer vor, die außer einer bequemen Wohnung, eine Besoldung von 300–350 Fr. halb in Geld, halb in Früchten, empfangen. Diese Besoldung ist klein, aber sie ist hinreichend zur Nahrung der Lehrer, die sich ihrem schönen Berufe mit Herzenslust, und nicht nur um des Gewinns willen ganz weihen. Die Zahlung geschieht vierteljährlich. Zu der einen Hälfte müssen alle Familien, ohne Ausnahme, beitragen (Wittwer und Wittwen zählt man für halbe Haushaltungen), die andere Hälfte fällt den Eltern zur Last, deren Kinder schulfähig sind, wie klein und wie groß auch ihre Zahl seyn möge. Diese billige Vertheilung (ganz Legrands Werk) macht die Ausgabe für den Unterricht unbedeutend, theils für die Gemeinde, theils für die Häupter zahlreicher Familien.«

Gelegentlich mußte Oberlin – auch in Predigten – die Gemeinde ermahnen, das nötige Geld zur Besoldung der Lehrer aufzubringen. Es sei noch einmal daran erinnert, daß noch keine Schulpflicht bestand. Diese wurde in Frankreich erst im Jahre 1882 eingeführt.

In einem Gebet um einen Schullehrer nach dem Herzen Gottes (vom März 1801) heißt es: »Die Gemeindeglieder überhäufen und überbürden die Lehrer mit Arbeiten und feilschen mit ihnen, was ihre Entlohnung anbetrifft, so daß der Lehrer sich gezwungen sieht, im Streit zu leben, – oder sie geben ihm nur ein Almosen für seine Arbeiten, so daß er von seinem eigenen Geld zusetzen muß oder Schulden macht, obwohl die Arbeit eines treuen Schullehrers unter allen anderen Arbeiten eine der schwersten, eine der anstrengendsten, der undankbarsten, am meisten ermüdendsten ist, eine Arbeit, die die Gesundheit und die ganze Konstitution eines Menschen ruiniert.« – Auch dies gehört zur Gemeinde- und Schulwirklichkeit zur Zeit Oberlins[12]!

Anschauungsbild für den Unterricht

10 Das Pensionat

Eine pädagogische Einrichtung besonderer Art, die weit über das Elsaß hinaus an Bedeutung gewann, war das von Oberlin gegründete Pensionat. Als im Jahre 1787 das Pfarrhaus neu gebaut war, konnten schulentlassene Mädchen und Knaben auch hier wohnen. Doch der Platz reichte nicht aus. So wurden weiterhin Schlafräume in Nachbarhäusern gemietet. Das von oft wohlhabenden Eltern gezahlte Pensionsgeld konnte die dürftige Haushaltskasse der Pfarrfamilie etwas aufbessern.

Es bestand eine Internatsschule, deren Leitung Oberlin selbst hatte. Ihm half seine Frau und später seine Tochter Friederike Bienvenue bis zu ihrer Heirat mit Pfarrer Rauscher, der im Jahre 1825 Oberlins Nachfolger wurde. Johann Jakob Claude, der Schwiegersohn des Lehrers von Waldersbach, wuchs immer mehr in die Verantwortung für die Pensionatsschule hinein. Er erbte später ein Haus, das der Kirche gegenüber lag und besonders gut als Schulhaus geeignet war. Die Gemeinde erwarb es und überließ das bisherige Schulhaus, das dem Pfarrhaus gegenüber gelegen war, der Familie Claude. Diese richtete hier im Jahre 1810 das Pensionat ein, das bis zum Jahre 1932 bestand.

Die Familie Claude trug nun die Hauptverantwortung für die Internatsschule, wenn Oberlin auch weiterhin mit Rat und Tat zur Seite stand. Es war ja seine Person, die viele Eltern veranlaßte, ihre Kinder das Bildungsangebot von Waldersbach wahrnehmen zu lassen. Hier bot sich für viele eine gute Gelegenheit, die französische Sprache praktisch zu erlernen. Die Schulsprache war französisch und deutsch. Die Schüler kamen aus Straßburg und anderen Orten des Elsaß, aber auch von weither. Einer der bekanntesten Zöglinge war der Freiherr Franz von Berckheim, der Schwiegersohn der Frau von Krüdener, – durch ihn erfuhr der Zar Alexander I. vom Wirken Oberlins. Dies sollte sich noch recht hilfreich auswirken: Im Hauptquartier der Verbündeten in Altkirch ließ der Zar am 28. Dezember 1814 einen Schutzbrief ausstellen, der das Pfarrhaus zu Waldesbach gegen jeden feindlichen Eingriff schützen sollte.

Auch Daniel Ehrenfried Stoeber, ein Enkel des Straßburger

Wundarztes Ziegenhagen, in dessen Familie der junge Oberlin Hauslehrer gewesen war, gehörte zu den Schülern des Pensionats. In seiner Oberlin-Biographie beschrieb er seine Erfahrungen folgendermaßen: »Diese Pensionsanstalt wurde eine Pflanzschule von wahren Christen. Heutzutage (1831), auf der Oberfläche der Erde – im Elsaß, zu Paris, London, Petersburg – zerstreut, bilden die Zöglinge Oberlins noch eine Art von Brüderschaft vom frommen Verein, dessen Band durch die Erinnerung an jene kostbaren Tage geheiligt ist, die sie im Steinthal bei jenem verehrungswürdigen Mann zubrachten, den sie stets als ihren gemeinschaftilchen Vater verehren werden«[13].

Der im Jahre 1779 aufgestellte *Pflichtenkatalog* erwartete von den Schülern und Schülerinnen des Pensionats nicht wenig. Da heißt es u. a.: »Ein jeder lerne die unendliche Liebe seines Gottes kennen und suche derselben würdig zu werden.

Sei gegen jedermann gefällig, aufrichtig, liebreich, und gegen alle, die es verdienen, freundschaftlich.

Ergeben und gehorsam gegen seine Obern . . . Jeder erkenne sie als seine besten Freunde. Nehme ihre Erinnerungen und Befehle mit Munterkeit an und führe sie sorgfältig aus. Wende sich in jeder Angelegenheit mit kindlicher, liebevoller Zuversicht an sie.

Wenn man etwas findet oder fühlt, das das Zutrauen zu mir oder Frau Pfarrerin vermindern, oder die Liebe erkalten könnte, so entdecke man es mir schriftlich mit aufrichtiger ungezwungener Freimüthigkeit.

Auch die Strafen, welche etwan nach Erfordernis eines Fehlers aufgelegt werden, sehe man als Probe einer sorgfältigen Freundschaft an und erkenne sie mit verbindlichem Danke.

Jedermann, der einen bessern, der einen tugendhafter, das ist glücklicher machen will, als einen verdienstvollen Freund ansehen, dankbar sein und von seiner guten Absicht Gebrauch machen.

Übereilungen oder auch grobe Fehler, die man begangen hat, suche man nie zu verbergen, sondern gestehe sie mit zuversichtlicher Offenherzigkeit.

Niemals erlaube man sich, etwas zu thun, das irgend jemand mit Grund unangenehm sein mag.

Nie unternehme man etwas, wovon man weiß, daß es der Seele

oder dem Gewissen schädlich sei oder das einem achtungswürdige Personen als schädlich beschreiben, auch alles das, was der Gesundheit des Körpers widrig ist . . .

Jede der anwesenden Töchter siehe, sich die Vorzüge des weiblichen Geschlechts eigen zu machen, freundlich, gelassen und sanftmütig zu sein, der Reinlichkeit und Ordentlichkeit sich zu befleißigen und auf alles, was zur Haushaltungskunst gehört, möglichst Achtsamkeit verwenden . . .«

Man möge in diesem Pflichtenkatalog das Bemühen erkennen, sich in Verhaltensregeln, die damaligen Auffassungen entsprachen, einzuüben, um das gemeinsame Leben zu ordnen.

In Oberlins Pensionär-Regeln finden wir eine ausführliche Aufzählung der täglichen Beschäftigungen, daneben eine kurze Notiz über das, was Knaben zu tun haben[14]:

»Mit Gott und Gebet aufstehen – . . . – Mund und Zähn schwenken und sich waschen – in der Bibel lesen – den Hauptinhalt mit ein paar Worten in ein Buch schreiben – ein schön teutsch Gesang auswendig lernen – Rechenbuch und schön abschreiben – rechnen –

Sich in teutsch und französisch schön schreiben üben – zeichnen – in einem schönen Buch lesen – Bücher, Kleider, etc. in guter Ordnung halten – (dasjenige übersetzen, was ihm Herr Schuhlmeister dictiert hat)
Französische Lektion auswendig lernen.«

Es werden auch Bücher genannt, die als Grundlage für Prüfungen in der Schule des Pensionats dienen: Rautenbergs christliche Glaubens- und Sittenlehre und ein Buch mit dem gleichen Titel von Jacobi.

Es gibt auch eine Liste von *Unterrichtsinhalten.* Dazu gehören Religion, Rechnen, unregelmäßige Verben, Sammeln von Worten, Geographie, Astronomie, Historie, Federschneiden, Naturgeschichte (darunter Vierfüßler, Amphibien, Vögel, Insekten . . .), die Fabeln von La Fontaine, Copieren von Landkarten in Gegenwart von Oberlin, Chronologische Tabellen, Botanik. – Also ein reichliches Angebot in der Dorfschule für Jugendliche! Doch es gibt auch Berichte über weitere Unterrichtsinhalte: Lesen und Übersetzen der französischen und deutschen Klassiker, Körperpflege und Hygiene, Krankheiten und ihre Behandlung, Aufsetzen von Quittungen, Verträgen und anderen Dokumenten.

»Zu den theoretischen kamen handwerkliche Fächer: Manche häkelten, knüpften Netze oder klöppelten, stellten Handschuhe her oder Pflechtarbeiten aus Stroh und Pferdehaar. Die Mädchen wurden im Haushalt unterwiesen, halfen in der Küche oder Wäscherei oder saßen am Spinnrad, während die Knaben im Garten halfen und Pflanzen, Mineralien und Insekten sammelten«[15].

Oberlin konnte in seinen schulischen Einrichtungen auch Lehrkräfte auf Zeit einstellen. So wird berichtet, daß er im Jahre 1794 einen invaliden »Capitaine« aufgenommen habe. Dieser unterrichtete 25 junge Mädchen in Handfertigkeiten und in Stroharbeiten.

In einem Kalender[16] notierte er im Jahre 1810: »Und diesen 13. August kommt zum ersten Mal Marguerite Charité Movel, um meine Kostgänger im Illuminieren zu unterrichten.«

Die durch die kurze Freundschaft mit Goethe bekannt gewordene Friederike Brion, deren Bruder 1787–1793 Pfarrer in Rothau war, soll bis 1801 einige Jahre im Waldersbacher Pensionat unterrichtet haben[17].

Oberlin, der gegen sich selbst sehr streng war, erwartete auch von seinen Schülern und Schülerinnen Fleiß und ein (nach damaligen Vorstellungen) gesittetes, ordentliches Verhalten. Jedoch, um nicht mißverstanden zu werden, schrieb er ihnen am 6. Januar 1782 einen *seelsorgerlichen Brief*[18]:

Meine lieben Schüler!

Ich glaube, Ihr habt mich mißverstanden, wenn Ihr glaubt, nicht mehr lachen und miteinander scherzen zu dürfen. Nein, niemand hat mehr Anrecht hierzu als gerade die Kinder. Und St. Paulus ruft Euch zu: Freuet Euch, freuet Euch!

Ihr glaubtet, dies wäre nicht der Fall, aber hierin habt Ihr Euch nun eben getäuscht. Nur: Jedes Ding zu seiner Zeit, wie z. B. das Gebet, der Gesang – zur Ehre Gottes auszuüben – können aber vor Gott unangenehm, sogar sündig werden, wenn sie Euch bei den verschiedenen Arbeiten, die Euch aufgetragen sind, am nötigen Fleiß hindern.

Euer ganzer Arbeitseinsatz verlangt, daß ich sehr aufpasse: Was habe ich zu tun, und wie soll ich es tun? Ich muß dabei aufpassen und mich anstrengen, es 1) so gut zu machen, wie ich nur irgend kann, und es 2) in der möglichst kürzesten Zeit zu tun.

Alles, was Euch am gerechten Urteil hindert, taugt nichts, ob es nun mit Schwätzereien, Singen, Lachen, Beten, Fröhlichkeit oder Traurigkeit zusammenhängt.

Und wer in ein unordentliches Wesen hineinkommt, weil es ihm an Arbeitseifer fehlt, aus welchem Grunde es auch sei, aus Leichtsinn oder falscher Frömmigkeit, der soll wissen: derselbe Gott, der uns zu beten befiehlt, er züchtigt uns mit Armut und Elend, wenn wir in Müßiggang oder unordentliches Wesen fallen. Denn wir sollen stets *alle* Gottesworte mit Furcht und Zittern beherzigen. Folgert hieraus und bedenkt:

1) Devotes Gebet, das uns vom nötigen Fleiß in einem uns anvertrauten Werk abhält, kann schädliche Wirkungen haben.

2) Wenn sich aber Unterhaltungen und Fröhlichkeit in der Gegenwart Gottes zuchtvoll gestalten, so daß sie Euch von dem nötigen Fleiß in Eurem Euch aufgetragenen Werk nicht aufhalten, können sie vor Gott angenehm sein.«

Ein jeder Leser möge das auch für die heutige Zeit für uns Gültige herauslesen!

(Weiteres über das Pensionat siehe S. 114.)

Druckstock Landkarte

11   Gottesdienst

In Waldersbach und Fouday hielt Oberlin seine Gottesdienste in französischer, in Belmont alle vier Wochen in deutscher Sprache. Wo er französisch predigte, konnte er sich einem Teil der Gemeinde schwer verständlich machen, da Patois, ein Dialekt, als Umgangssprache im Gebrauch war. Nicht nur um der christlichen Verkündigung willen, sondern auch, um die Kommunikation mit Menschen außerhalb des Steintals zu fördern, schuf Oberlin Möglichkeiten zum Sprachunterricht für jung und alt.

Bei den deutschsprachigen Gottesdienstbesuchern in Belmont handelte es sich um Pächter von Farmen, Hirten, Melker, Kohlenbrenner, Handwerksburschen und die dazu gehörigen Familien. Oberlin berichtet, daß manche im Sommer einen Weg bis zu acht Stunden machten, auch um dabei Verwandte und Freunde zu treffen.

Die Liturgie war sehr einfach: Lied, Gebet, Verlesung des Predigttextes, Gebet, Predigt, Schlußgebet, Vaterunser – dabei erscholl das Kirchenglöcklein. Die Berichte über andere gottesdienstliche Veranstaltungen sind nicht eindeutig – man bedenke doch, daß Oberlin fast 59 Jahre in dieser Gemeinde aktiv tätig war. So mag sich auch manches im Laufe der Zeit geändert haben. Außer dem Katechismusunterricht für Kinder am Sonntag nachmittags fand am Dienstag ein religiöser Unterricht in der Kirche statt, die eine Woche für Männer, die andere Woche für Frauen. Am Donnerstag oder Freitag abends hielt Oberlin im Pfarrhaus, nachdem das baufällige alte im Jahre 1787 durch ein neues ersetzt worden war, einen weiteren Gottesdienst (nach einem Bericht) auch in deutscher Sprache.

»Damit keine Zeit verloren gehe, pflegte er seine weiblichen Zuhörerinnen während des Gottesdienstes Strümpfe stricken zu lassen, zwar nicht für sie oder ihre Familie, sondern für ärmeren Nachbarn, weil er der Meinung war, daß diese mildtätige Beschäftigung ihrer Aufmerksamkeit keinen Eintrag tue, noch jenen andächtigen Geist störe, der gewöhnlich die Freitag-Abend-Versammlungen durchdrang. Wenn über der Erklärung des vorgelesenen biblischen Abschnitts etwa eine halbe Stunde verflossen war, so pflegte er oft zu fragen: ›Nun, meine Kinder, seid ihr nicht müde? Ist's nicht genug? Sprecht, meine Freunde!‹ Auf diese Frage erwiderten ihm seine Pfarrkinder gewöhnlich: ›Nein, Papa, fahren Sie fort, wir möchten gern noch ein wenig zuhören.‹ Obgleich auch sie zuweilen mit natürlicher Freimütigkeit antworteten: ›Wir denken wohl, es ist für jetzt genug.‹ Dann hörte der gute Alte mitten in seiner Rede auf . . .« Zwischendurch soll er den Männern gelegentlich eine Prise von seinem Schnupftabak angeboten haben.

Zu allen Zeiten ermahnte Oberlin seine Gemeindeglieder, den Gottesdienst möglichst regelmäßig zu besuchen. Gewiß ging er dabei zu weit, wenn diejenigen, die eine Beihilfe aus der von ihm gegründeten Armenkasse erhalten wollten, unter anderem folgende Fragen beantworten sollten: »Besucht Ihr nebst Eurer ganzen Familie regelmäßig den Gottesdienst? Laßt Ihr keinen Sonntag ohne eine gute Handlung vergehen? Seid Ihr oder Euer Weib oder Eure Kinder den Erdbeeren, Himbeeren, Mirten, Maulbeeren und Haselnüssen, kurz dem Vergnügen nachgelaufen und habt die Kirche darüber versäumt? Und wenn es der Fall gewesen ist, gelobt Ihr vor Gott, daß es nicht mehr vorkommen soll?«

Wir wollen von diesem Verhalten Oberlins – auf unsere Einsichten bezogen – nichts beschönigen, höchstens versuchen, ihn aus seiner Zeit und aus seiner Sorge um das ewige Seelenheil der ihm Anvertrauten zu verstehen. Er konnte auf der anderen Seite nach Zeiten schlechten Wetters den Gottesdienst ausfallen lassen und die Gemeinde auffordern, auf die Felder zu gehen und zu ernten.

Der Sonntag soll geheiligt werden, doch man darf das Haus seines Armen ausbessern, Holz und Steine für ihn sammeln. Man darf das Feld eines Kranken bestellen, für Witwen und Waisen ernten und für sie Lebensmittel bei anderen Gemeindegliedern einsammeln.

In bereits erwähntem Kalender[19] notierte Oberlin zum 21. Oktober 1803: »Wurde ich vom Herrn Präsident Kern als Mitglied des Konsistoriums zu Barr anerkannt.« – Die Berufung in dieses Beratungsgremium ist als Anerkennung seiner Gemeindearbeit anzusehen.

Kirche in Waldersbach

12   Predigt

Predigtvorbereitung und Predigt hatten für Oberlin den Zweck, den Willen Gottes in der Heiligen Schrift zu erforschen und anderen mitzuteilen. Dabei übte er ehrliche Selbstkritik. Nicht nur wegen seines schlechten Gedächtnisses schrieb er die Predigten sorgfältig auf oder fertigte zum mindesten eine ausführliche Disposition mit Bibelzitaten an. Wenn er ein Predigtmanuskript nach Jahren ein- oder mehrere Male wieder verwendete, notierte er es am oberen Rand.

Stuber, der wußte, daß Oberlin das Predigen recht schwer fiel, schrieb ihm einmal: »Ihre Mühe mit dem Predigen tut mir recht leid, ich hatte baldige Erleichterung gehofft. Nun sehe ich es also an: Gott hat Ihnen viel Tüchtigkeit, Geschicklichkeit, Artigkeit und ein redliches Herz gegeben. Er sieht aber ohne Zweifel, daß Ihnen ebenso merklich als empfindlich Unvollkommenheit nötig ist, damit Sie sich nicht in Ihren guten Seiten spiegeln . . .!«

Oberlin war dankbar, wenn ein Kollege einmal eine Predigt für ihn übernahm, doch dies geschah gewiß recht selten. Als der Dichter Lenz im Januar des Jahres 1778 zu ihm kam, durfte er bald nach seiner Ankunft predigen und hielt »eine schöne Predigt« (wie Oberlin notierte). In seinem Bericht über den Lenz-Aufenthalt schrieb er:

»Ich bin nun bald elf Jahre hier, anfangs waren meine Predigten vortrefflich nach dem Geschmack der Steintäler, seitdem ich aber dieser guten Leute Fehler kenne und ihre äußerste Unwissenheit in allem, und inbesondere in der Sprache selbst, in der man ihnen predigt, und ich mich daher so tief wie immer möglich herunterlassen und dem mir nun bekannten Bedürfnis meiner Zuhörer gemäß zu predigen mich bemühe, – seitdem hat man beständig daran auszusetzen. Bald heißt es, ich wäre zu scharf; bald: so könnte es jeder, – bald: meine Mägde hätten mir die Predigt gemacht etc. Überdies macht mir das Predigen oft mehr Mühe als alle andern Teile meines Amtes zusammen genommen. Ich bin deswegen herzlich froh, wann bisweilen jemand anders für mich predigen will.«

Dabei sah Oberlin die Predigt als das Kraftzentrum an, von dem die wesentlichsten Impulse für alles kirchliche und bürgerliche Leben der Gemeinde ausgingen.

Er beachtete jedenfalls die Kritik seiner Zuhörer, und es gab manche Kritik. Es wird über folgende Begebenheit berichtet: Als ein rechtschaffener Mann spürte, daß sein Leben zu Ende gehe, rief er einen seiner Söhne und ließ ihn seine Fehler aufschreiben, unterschrieb selbst und bat darum, daß der Pfarrer am nächsten Sonntag alles in der Kirche vorlesen solle. Oberlin tat es auch. Darüber waren drei Männer aus Bellefosse empört und wollten bei der vorgesetzten Dienststelle die Absetzung des Pfarrers beantragen. Da begegnete einem von ihnen Cathrine Gagnière, eine treue Beterin in der Gemeinde, und sprach mit ihm über diese Angelegenheit. »Er staunte und sagte: ›Das hat dir der böse Geist gesagt, denn niemand kann es wissen als wir drei.‹ ›Nein‹, sagte sie, ›guter Geist hat es mir geoffenbart, aber ihr laßt euch leiten von einem bösen Geist. Gehet nun und zerreißet eure Schrift, denn der Herr Pfarrer hat es schriftlich in Händen von Herrn Georg Bernhard mit seinem Namen unterschrieben . . .‹« Somit war diese Sache erledigt.

Welche Wirkung Oberlin von seiner Predigtarbeit erhoffte, hat er schon in einer seiner ersten Predigten in Straßburg im Jahre 1766 formuliert und in den Jahren 1767, 1777 und 1802 wiederholt – seine Auffassung hatte sich also nicht geändert: »Heiliger, Gott wohlgefälliger, dem Nebenmenschen nützlicher, dabei demütiger, sanfter, liebreicher, guttätiger, edler, liebens- und schätzenswerter zu werden, das muß der Zweck sein von allen unsern gottesdienstlichen Übungen.« Dabei ging er selbst mit seinen Zuhörer gar nicht allzu sanft um. Sein Vorgänger und väterlicher Freund Stuber mahnte ihn zu mehr Sanftmut.

Einer seiner ersten Biographen glaubte feststellen zu können, daß seine Predigten von 1767 bis 1778 fast nur Bußpredigten gewesen seien, ab 1780 sei die mystische und pietistische Linie mehr zu erkennen gewesen. Nach der Revolution hätten die notvollen Erfahrungen und das Alter seine Ausdrucksweise besänftigt.

Die Predigten waren zumeist Bibeltextauslegungen, seiner Theologie entsprechend, und brachten viele Bibelzitate. Er bemühte sich, die Bibelaussagen direkt auf das tägliche Leben zu beziehen. Es sind auch einige Themapredigten bekannt, doch auch hier wird mit Bibelstellen argumentiert. Einige Themen: »Wider die Faulheit«, »Kinder sind eine Gabe des Herrn«, »Regen zur Unzeit«, »Gibt es Zauberer?«, »Mittel gegen den Krieg«.

Charakteristisch für Oberlins Predigten ist ihre Christusbezogenheit. »Aus Liebe gab Gott Jesum Christum und zur Liebe. Durch dieses Hingeben des Sohnes mußte auch der furchtsamste Knechtssinn frei gemacht, dadurch das ängstliche Mißtrauen gehoben, dadurch mußte auch der Liebloseste zur Liebe, der Traurigste zur Freude erweckt werden.« (1790)

In einer Predigt vom Jahre 1816 heißt es: Jesus »stirbt, läßt sein Leben, geht durch den Tod! – Dieser Durchgang führt Jesus als menschgeborenen Gottessohn, verklärt zu einem neuen Leben, in ein neues Dasein über, in welchem die Menschheit in Jesus auch göttlich geworden! Jesus stellt nun in seiner verherrlichten Person den vollkommenen Menschen dar, der nach Gott geschaffen ist und heilig ist, und wirbt und harret, wie Gott wirbt, wie Gott harret.« Jesus will uns nun zu solcher Vollkommenheit bringen.

In diesen Zusammenhang paßt ein Gebet aus dem Jahre 1772 (Wiederholung: 1800): »O Jesu! Du anbetungswürdiger Beherrscher der unzähligen Millionen Welten, die Dein Wort hervorgebracht hat und die Dich weiter nichts als ein Wort gekostet haben, o sprich auch zu unserm trägen Herzen ein solches Wort!«

Im selben Jahr machte Oberlin seine Gemeindeglieder in einer Auslegung der Bergpredigt darauf aufmerksam, daß das Hören auf Jesu Wort unser Leben verändert. Zu der Seligpreisung der Sanftmütigen sagte er: »Sie sind besorgt, daß sie ja ohne Not niemand Beschwerlichkeit, Unwillen und Verdruß erregen. Werden sie aber von anderen beleidigt, so widerstehen sie der Neigung zum Zorn und befleißigen sich nach dem Exempel ihres sanftmütigen Herrn Jesu, Unrecht und Beleidigung und Geduld und Ergebung in den Willen Gottes zu ertragen und für ihre Beleidiger zu beten.«

Oberlin wurde nicht müde, die Liebe als die von Gott gewollte Grundeinstellung des Menschen zu bezeichnen. Die Liebe ist »Bekümmertheit um anderer Wohlsein, ist ein Drang, eine herrschende Sehnsucht, andere wahrhaft glücklich zu machen«. Dabei wußte er, daß wir selbst unseren Geist nicht ändern und uns kein anderes Herz geben können – »daß wir dies nirgend anders als von

Gott selbst durch anhaltendes Gebet erhalten können und daß Gott willig ist, es uns zu geben«.

Oberlin täuschte sich nicht darüber, wie es im Christenleben oft aussieht: ». . . die Nachlässigkeit im Beten, der Mangel an Eifer, alles mögliche Gute zu tun, in seinem Beruf, Amt, Auferziehung der Kinder und unzähligen Gelegenheiten: alles dies, sag' ich, befleckt uns in den Augen des allerheiligsten Gottes, dessen scharfsichtige Blicke in das Innerste des menschlichen Lebens dringen.«

Dieser Beurteilung aus den Jahren 1768 und 1795 entspricht das, was er in den Jahren 1772, 1782 und 1801 in einer Predigt sagte: ». . . außer den in der christlichen Religion geborenen Religions-Spötter verkennen ihn (Christus) ja auch die meisten übrigen Christen von allen Parteien und leben und handeln just so, als wenn der Herr Jesus nicht der Herr, nicht König wäre.«

Im Jahre 1811, also nach langjähriger Erfahrung in seinem Amt, schrieb Oberlin an seinen Freund Spittler in Basel: »Die meisten Christen suchen nur eigene sogenannte Erbauung, ein geistliches, wollüstiges Kützlen (Kitzeln?), nicht tätiges Wirken, nicht Arbeiten im Weinberg.«

Oberlin hielt nicht nur eigene Predigten, er benutzte auch gedruckte; er hörte auf die Predigten anderer, ja sogar auf die *»Predigt« eines Trunkenbolds* seiner Gemeinde. Er berichtete selbst darüber[20]. Er hatte am Vormittag von der Hölle und der Verdammnis gesprochen. Der Trunkenbold Niklas wurde am Abend im Wirtshaus gefragt, ob er nicht die Predigt des Pfarrers gehört hätte. Darauf Niklas: »Das Wirtshaus, das ist meine Kirche, und ein Taugenichts wie ich geht in keine andere.« Hierauf erzählte man ihm die ganze Predigt Wort für Wort. Oberlin schrieb dazu: »Denn ich hatte Leute in meiner Pfarrei, die wörtlich eine gehörte Predigt wiederhersagen konnten!« Folgendermaßen äußerte sich Niklas zur Predigt des Pfarrers:

»Was ihr doch für Dummköpfe seid! Hört mich: ihr wißt, daß ich ein Taugenichts erster Sorte bin, daß ich nie in der Kirche war, daß ich mich wenig darum bekümmere, Gutes zu tun, daß ich endlich all mein Vermögen verpraßt und durch die Gurgel gejagt habe. All' dies wißt ihr. Gut; ihr wißt auch, daß ich einen einzigen Sohn habe, einen braven Jungen, der mir folgt, und mit welchem ich sehr zufrieden bin; aber setzt den Fall, daß er ungezogen wäre und mir nicht folgen wollte, und daß, wenn er auch oft Besserung zugesagt, er eben nicht Wort hielte und mich nötigte, ihn aus dem Hause zu jagen, mit der Erklärung, daß er nicht mehr zurückkehren dürfe und ich ihn nimmer als meinen Sohn betrachten werde. Im Verlauf geraumer Zeit hörte ich, daß er Reue fühle, weine, um Verzeihung bitte, und es käme dann einer meiner Freunde von ihm geschickt, mit der Bitte, ihn aus Gnaden wieder aufzunehmen und das Vergangene ihm zu verzeihen; ja er wagte endlich selbst zu erscheinen; glaubt ihr, daß ich dennoch ihn fernerhin verstoßen würde? daß ich ihm nicht vergeben würde? Ja, ich würde sagen: ›Komm, mein Sohn, ich verzeihe Dir, ich habe zwar geschworen, daß Du nicht mehr zu mir zurückkehren darfst, aber das ging den gottlosen Sohn an, von dem ich sprach.‹ Ach, wenn ich, der allgemein als Taugenichts bekannt ist, fähig wäre, solches zu tun, würde dies Gott weniger tun? Würde er uns in der Hölle lassen? Ihr seht wohl, daß dies nicht möglich ist . . .«

Oberlin schrieb weiter: »Ich sah wohl, daß dies nicht das rechte Mittel war, sie zu bekehren und daß, unsere Doktoren der Theologie mögen sagen, was sie wollen, der von unseren Bauern sogenannte Prediger Niklas Recht hatte.«

Oberlin nahm sich vor, nie mehr von der Ewigkeit der Höllenstrafen zu predigen und hielt sich auch daran, – bis auf eine Ausnahme, wie er schrieb. Allerdings hörte er nicht auf, die Gemeindeglieder vor dem Besuch des Wirtshauses zu warnen.

Sanduhr auf der Kanzel der Kirche zu Fouday

13   Aus einer Weihnachtspredigt

Da Weihnachten für Oberlin das wichtigste Fest ist, muß seinen Weihnachtspredigten besondere Beachtung geschenkt werden, weil in ihnen wesentliche Aussagen seiner Theologie zu finden sind. Seine erste Predigt (Weihnachten 1767) hielt der Steintalpfarrer über das Weihnachtsevangelium (Luk. 2, 1–14), sie wurde 1779 und 1799 wiederholt und erhielt im Jahre 1801 eine Fortsetzung – ein Zeichen dafür, daß ihr Inhalt über viele Jahre hinweg bejaht wurde. Diese Predigt wurde in französischer Sprache gehalten.

»Wir feiern heute das für das ganze menschliche Geschlecht heiligste, wichtigste Fest. Ein Fest, welches nicht nur von schwachen Kreaturen gefeiert wird, wie wir es sind, sondern – was unsere Andacht anregen und unseren Eifer verdoppeln muß – ein Fest, welches ebenso im Palast des Herrn des Himmels und der Erde gefeiert wird, von den unzähligen Versammlungen der Engel, Erzengel, Cherubim und Seraphim und von denjenigen Menschen, die Gott jetzt von Angesicht zu Angesicht sehen dürfen . . .«

Weihnachten ist für Oberlin ein kosmisches Ereignis, und wir können diesen Gedanken in unserer religiösen Begrifflichkeit nachvollziehen, wenn wir bedenken, daß nach Johannes 1, 14 Gottes ewiges Wort, Gottes Äußerung an unsere Welt in Jesus Menschengestalt annahm, Gottes, des Herrn aller Welten und Äonen.

Für Oberlin haben seine Ausführungen eine seelsorgerliche Qualität: »Welcher Trost für die Väter und Mütter und andere Personen, denen der Tod bis jetzt Kinder und andere Personen entrissen hat (Eltern oder Freunde), die der geliebte Gegenstand ihrer Liebe waren und deren Heil sie mit gutem Grund zu erhoffen wagen. Sie sind nicht verloren . . .«

Die Geburt Jesu ist die »unglaublichste Angelegenheit der Welt«: »Ich nehme an, daß ihr alle wißt, daß Jesus Christus . . . Gott selbst war, die zweite Person der Heiligen Trinität. Von daher war er konsequenterweise allmächtig, der Schöpfer und Erhalter des ganzen Universums.« Er wollte in der Welt als kleines Kind geboren werden, sich zum Menschen machen, unsere Schwachheit anziehen, unsere Sünde an seinem Leib büßen und uns dadurch von der Macht des Satans erlösen. »Der Schöpfer nimmt die Form der Kreatur an, der Allmächtige die Gestalt eines kleinen ohnmächtigen Kindes. Der Allwissende ist versteckt in einem Kind, das nicht sprechen kann, das nichts weiß und in der Folge des Wachstums alles lernen wird. Der Meister des Universums erniedrigt sich unter die Macht einiger schwacher Menschen, eines armen bürgerlichen Zimmermanns, er wird sein Vater-Vormund, – einer Jungfrau Maria, sie wird seine Mutter, – einer Schar von mächtigen und reichen Bösewichtern, die damals regieren . . .« Der Gott des Ruhmes und der Herrlichkeit, selbst die Quelle unerschöpflicher Freude, legt alle Ehre, alle Majestät ab, erduldet Hitze und Kälte, Durst und Hunger, Müdigkeit, Schwachheit, Verachtung, Spott und Haß, selbst die unwürdigsten Beleidigungen. – So realistisch schildert Oberlin das Menschsein Jesu.

Die Geburt Jesu ist für Oberlin durch die Zusagen Gottes selbst die sicherste Angelegenheit der Welt. Hier spricht er von den Verheißungen von Adam an bis zu den Propheten.

Die Geburt Jesu Christi ist auch die für das menschliche Geschlecht wichtigste Angelegenheit der Welt, wichtig für die Kinder der Welt ebenso, wie für die Kinder Gottes. Es gibt für alle Menschen so zahlreiche Erweise der Güte, »welche Gott mit seiner so freigebigen Hand durch Jesus Christus unserer Erde zugewandt hat«: schöne Tage im Sommer, im Winter, im Frühling und im Herbst; das Grün der Wälder und Felder; Winde erfrischen in der Hitze des Sommers, wunderbares Wasser stellt die geschwächten Kräfte wieder her; frisch erwacht der Mensch am Morgen . . .

»Ich sagte: Die Geburt Jesu Christi ist wichtig ebenso für die Bösewichte wie für die Kinder Gottes.« Was Oberlin hier sagt, ist nichts anderes als eine Auslegung von Jesu Wort (Matth. 5, 45): Der Vater im Himmel »läßt seine Sonne aufgehen über die Bösen und über die Guten und läßt regnen über Gerechte und Ungerechte.«

»Es ist nicht mehr der Fehler Adams, daß die Welt verdammt ist, denn der Himmel ist jedem geöffnet, der sich die rechte Mühe gibt, – die Mittel, einzutreten, sind da.« »Dem ganzen menschlichen Geschlecht ist der Zugang zur Gnade angeboten, geöffnet. Kommt also im Vertrauen! Der Retter bietet dem Sünder Befreiung an.«

Ungewöhnlich und beachtenswert ist ein Einschub Oberlins aus späterer Zeit gegen Schluß der Predigt: »Wir fügen hinzu, daß wir ohne den Fall Adams nicht den Retter hätten und demnach ein jeder seine Versuchung, seine Erprobung auf sein eigenes Risiko durchmachen müßte.«

So viel aus Weihnachtspredigten Oberlins. Mögen uns aus der Distanz von etwa 200 Jahren Ausdrucksweise, Bildersprache, religiöse Vorstellungen und erbauliche Gedankengänge der Predigt hier und da fremd vorkommen, so gilt es zu versuchen, Oberlin zu verstehen und sich um den tiefen Inhalt des Gesagten zu bemühen – dann werden wir auch für unser eigenes Leben etwas heraushören können.

14 Seelsorge

Für Oberlin waren Gottesdienste und Predigt Seelsorge, sie waren aber auch die Fortsetzung einer speziellen Seelsorge, und die spezielle Seelsorge war Fortsetzung von Gottesdienst und Predigt.

Quelle und Wurzel der Seelsorge war das Fürbittegebet. Auf einer schwarzen Tür notierte Oberlin die Namen der Personen mit Kreide, für die er sich in besonderer Weise im Gebet verantwortlich fühlte; auch Bemerkungen in seinem Notizbuch halfen seinem schlechten Gedächtnis. Besonders in seinem höheren Alter blätterte er oft im Kirchenbuch, um beim Lesen der verzeichneten Namen an die besonderen Bedürfnisse einzelner erinnert zu werden. Hausbesuche und Gespräche auf den Dorfstraßen dienten der persönlichen Kontaktpflege.

Oberlin druckte mit einer Handpresse Bibelworte, Gesangbuchverse und Sinnsprüche – oder er ließ sie drucken. (Man findet heute noch große Bogen mit 16 Sprüchen auf einem Blatt.) Er klebte sie an eine Tür, damit die Besucher sie lesen konnten – eine damalige Form der Plakatmission unserer Tage. Er konnte sie auch an Freunde und Bekannte verschenken und schrieb gelegentlich persönliche Grußworte auf die Rückseite.

Auch Gebete und Glaubenserfahrungen wurden auf kleine Blätter gedruckt und in der Gemeinde verteilt. Hier einige Proben[21]:

Vor dem Essen.

Guter Vater, Dank sei Dir!
Du belebst, drum leben wir!
  Du schaffst Brod und Milch und Wein,
  Wer soll Dir nicht dankbar sein?

Deine Gaben nehmen wir
Dankbar, Vater, jetzt von Dir,
  Und genießen brüderlich,
  Was Du gabst, und preisen Dich!

Ach könnt ich, was ich wollte;
Ach wär ich, was ich sollte;
Ach thät ich, was ich könnte;
Ach liebt ich, daß ich brennte!

O ÉTERNEL!
TU N'ABANDONNES POINT CEUX
QUI
TE CHERCHENT.

PSAUME IX.

Nach dem Essen

Gesättigt bin ich, und bring Dir.
　　　O Vater, meinen Dank;
Denn wer, als Du, bescherte mir
　　　Die Speise und den Trank.
Was lebt und webt im Meer und Land
　　　Verdankt Dir, was er hat:
Du thust auf Deine milde Hand
　　　Und Mensch und Thier wird satt!
Gott, der die Seinen nie vergißt,
　　　Der sorget auch für sie.
Er, der dem Vieh sein Futter giebt,
　　　Vergißt den Menschen nie!

Einen Armen schmachten sehn,
Kalt bei ihm vorüber gehn;
Ihm nicht schnell zur Hülfe eilen;
Nicht mit ihm sein Leiden theilen,
　　　Das ist Unbarmherzigkeit!
Sich zu seinem Jammer neigen;
Sich als Bruder ihm erzeigen;
Sanfte Thränen lassen fließen;
Oel in offne Wunden gießen,
　　　Dieses ist Barmherzigkeit!

Gib hohem Alter Ehre;
Merk' auf des Greisen Lehre.
　　　Hör' seinem Rathe zu.
Der Mann mit weißen Haaren
Hat mehr der Welt erfahren
　　　Als unversuchter Knabe, du!

Oberlin sah es als eine wichtige Voraussetzung seiner Seelsorge an, die Charaktereigenschaften des Mitmenschen ein wenig zu erkennen. Dabei halfen ihm die Studien Johann Caspar Lavaters, der diese in den Jahren 1775 bis 1778 in seinem Buch »Physiognomische Fragmente . . .« veröffentlicht hatte. Nach Lavater übt sich die Physiognomik in der Fertigkeit, »durch das Äußerliche eines Menschen sein Inneres zu erkennen«. Dabei könne es durchaus zu Fehlschlüssen kommen. Im Jahre 1784 schrieb Oberlin Teile aus dem Buch von Lavater ab[22]. Darunter auch den Satz: »Um dich hierin recht sicher zu üben, muß du dich gewöhnen, sobald du ein Gesicht studieren willst, in wenigen Momenten seine wesentlichen Züge aufzufassen und dir tief einzuprägen.«

Oberlin fertigte nicht nur von seiner Familie, seinen Freunden und Bekannten, sondern auch von vielen Gemeindegliedern Silhouetten an, oder er ließ sie anfertigen.

Oberlin und Lavater waren befreundet, sind sich aber nie persönlich begegnet. Im Jahre 1778 wollte Oberlin seinen Freund zum Abschluß seiner Schul- und Erziehungsreise besuchen, gab aber seinen Plan auf, da er wegen der Unruhen, die Lenz in Waldersbach verursachte, seine Reise vorzeitig abbrechen mußte. Doch ein herzlicher Briefwechsel diente dem Gedankenaustausch. Als Oberlin im Jahre 1800 erkrankt war, erhielt er u. a. den folgenden seelsorgerlichen Gruß:

»Lieber Oberlin, – wo Du bist, da bist Du in der Hand der allmächtigen Liebe. Gesund und krank gehörst Du Einem. Tod und lebend bist Du Sein. Der Allmächtige leichtere Deine Beschwerden, und der Geist Jesu Christi erfülle Dich mit überschwenglichem Troste. L.«

Oberlin beachtete und beurteilte die Handschrift seiner Mitmenschen – natürlich auch seine eigene. Um die Jahrhundertwende begann er, besonders schön und deutlich zu schreiben. Dies sei ein Akt der Freundlichkeit, und dem Leser sollten Mühen erspart bleiben.

Je nach Wahl der Lieblingsfarben seiner Besucher wollte er Hinweise auf Personeneigenschaften erkennen. Er zeigte eine Tafel mit farbigen Glaskugeln. Rot bezeichnete für Oberlin den Glauben, gelb die Liebe und blau die Wissenschaft. Eine Mischung von blau und gelb ergibt grün, dies war ein Hinweis auf Geschäftigkeit, Tätigkeit und Erfindungsdrang. (Siehe Umschlagseite 3)

Oberlin bemühte sich, seine seelsorgerlichen Ratschläge möglichst anschaulich zu geben.

Streitenden Eheleuten oder anderen Besuchern, die sich nicht verständigen konnten, zeigte er einen Rahmen, der zwei verschiedene Bilder enthielt, es kam darauf an, ob man von der rechten oder der linken Seite hinschaute. Der eine behauptete, er sehe eine Rose und der andere einen Vogel. Oberlin bestätigte diese

Aussagen, forderte aber dazu auf, die Position des anderen einzunehmen, um zu erkennen, daß dieser von seinem Standpunkt aus recht habe. Man muß versuchen, den anderen Menschen zu verstehen. (Siehe Umschlagseite 3)

Einer Dame, die mehrere schwere Verluste erlitten hatte, schrieb er folgenden *seelsorgerlichen Brief*[23]:

». . . Ich habe zwei künstlich bearbeitete Edelsteine vor mir. Beide haben förmlich die nämliche Farbe, das nämliche klare, reine Wasser, doch ist zwischen ihnen eine merkliche Verschiedenheit des Glanzes. Der eine blendet, der andere ist matt; letztern sieht man nur flüchtig und ohne Vergnügen an. Woher dieser Unterschied? Daher: der eine hat nur wenige Rauten (Facetten), der andere hat deren zehnmal mehr. Diese Facetten werden durch eine sehr gewaltsame Operation hervorgebracht, man muß sie in den Stein schleifen und polieren. Würden diese Steine Leben haben und hätten sie die Operation fühlen können, so hätte der mit 80 Rauten sich sehr unglücklich gefühlt und das Loos desjenigen mit 8 Rauten, der folglich nur ein Zehntheil der Schmerzen ausgestanden hatte, sehr beneidet. Aber ist diese Operation einmal geschehen, so ist dies für immer. Dennoch bleibt ein sehr merklicher Unterschied zwischen beiden Steinen; der, welcher nur wenig gelitten hat, wird vom andern ganz verdunkelt; der andere allein wird geachtet und zieht allein Aller Blicke auf sich. Erklärt nicht dieses Beispiel den Ausspruch unseres Heilandes, dessen Worte sich immer auf die Ewigkeit bezogen: ›Selig sind, die da Leid tragen, denn sie sollen getröstet werden.‹? . . .«

Am 30. März 1811, 44 Jahre nach dem Beginn seiner Tätigkeit im Steintal, verfertigte Oberlin eine Zeichnung mit dem Thema *»Je tiefer hinab, je höher hinauf«*[24]. Dies ist die Zusammenfassung einer Aussage von Psalm 71, Vers 20 und 21: »Du lässest mich erfahren viele und große Angst und machst mich wieder lebendig und holst mich wieder herauf aus den Tiefen der Erde. Du machst mich sehr groß und tröstest mich wieder.« Solcherart waren die Erfahrungen Oberlins in seiner pfarramtlichen Tätigkeit und in seinem persönlichen Leben.

Die Zeichnung ist farbig, ein Rechteck, das nach unten immer dunkler wird. Das ist die Erde, zu der auch das Steintal gehört. Ein schwerer Boden, der mühevoll zu bearbeiten ist. Jesus Christus ist

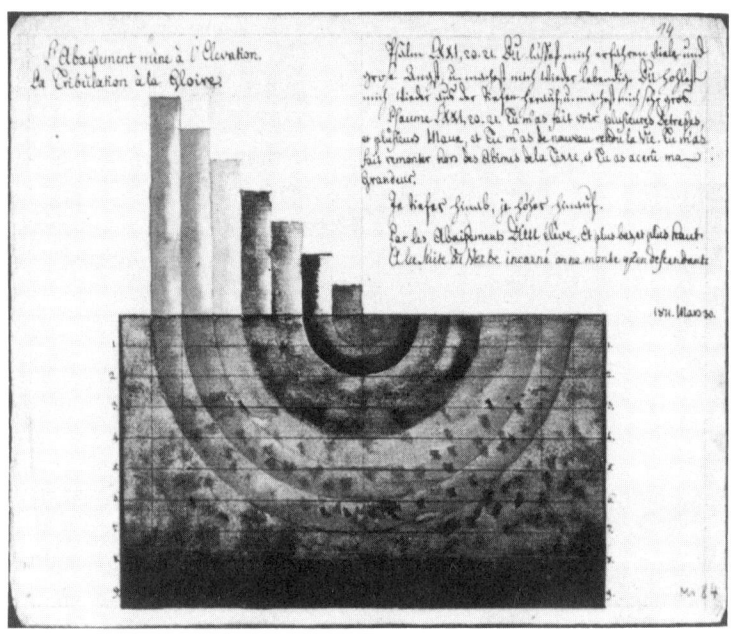

durch die Tiefen menschlicher Not gegangen. »Er erniedrigte sich selbst und ward gehorsam bis zum Tode, ja bis zum Tode am Kreuz« (Phil. 2, 8). Der äußerste Weg, der Weg Jesu, ist rot gezeichnet. Er geht in die Tiefe, erhebt sich aber über die Erde weit in die Höhe. Oben links auf der Zeichnung lesen wir:

»L'Abaissement mène à la Elévation.« Les Tribulations à la Gloire.« (Die Erniedrigung führt zu Erhöhung, die Trübsale zur Herrlichkeit.)

Parallel zum Wege Jesu führt der Weg der Christen, in verschiedenen Farben dargestellt, mehr oder weniger tief hinab und auch mehr oder weniger hinauf, aber alle hinauf.

Solche und ähnliche Zeichnungen benutzte Oberlin in seinem seelsorgerlichen Dienst zur Tröstung derer, die durch schwere Trübsale hindurch mußten. Das »Je tiefer hinab, desto höher hinauf« ist eine Glaubenserfahrung und darf natürlich nicht wie eine physikalische Regel angesehen werden. Es drückt, im Blick auf den Weg Jesu Christi, die Hoffnung auf die gnädige Zuwendung Gottes aus.

15 Vielfältige Fürsorge

Am Ostermontag des Jahres 1770 – Oberlin hatte etwa drei Jahre im Steintal gewirkt – predigte er über die Verse 1 und 2 des 5. Kapitels des Epheserbriefes: »So seid nun Gottes Nachfolger als die geliebten Kinder und wandelt in der Liebe, gleichwie Christus euch geliebt hat und sich selbst dargegeben für uns als Gabe und Opfer, Gott zu einem lieblichen Geruch.« Er notierte am oberen Rand, daß dies die 15. zu Straßburg gehaltene Predigt vom Jahre 1767 mit einigen Veränderungen sei. Im Jahre 1796 hat er sie noch einmal gehalten. Man kann ein solches Bibelwort und seine Auslegung als eine wichtige Kraftquelle für Oberlins vielfältige Aktivitäten ansehen. Er führte unter anderem folgendes aus:

»Ich sage, die *Liebe* muß tätig sein, das ist, es muß nicht bei einem trägen Mitleiden und unnützen Bedauern bleiben, sondern wir müssen auf Mittel und Wege uns besinnen, wie wir dem Nächsten helfen können; ferner müssen wir diese Mittel, soweit es nur immer möglich ist, suchen ins Werk zu setzen, und deswegen müssen wir – durch Arbeit und durch Sparen an uns selbst – suchen, uns in den Stand zu setzen, dem Nächsten, soviel wir können, zu helfen. Was hätte es uns genützt, wenn uns Jesus bloß bedauert hätte und nicht auf Mittel bedacht gewesen wäre, um uns zu helfen?«

Oberlin selbst war wach für Herausforderungen, die auf ihn zukamen. Er wollte sein Christentum leben, er wollte Liebe üben.

Einer der ersten Oberlin-Biographen berichtet[25]: »Die *Communikationswege* im Innern des Steintals selbst waren oft fast vernichtet!« Die Menschen konnten sich bei Regenwetter nicht besuchen. Landwirtschaftliche Produkte mußten auf dem Rücken getragen werden, wo es keine für Pferdefuhrwerke benutzbare *Straßen* gab. Trotzdem war es nicht leicht, die Bevölkerung davon zu überzeugen, daß hier etwas getan werden müsse. Man fürchtete die Ausgaben und scheute sich auch vor den Mühen. Oberlin besorgte Geld, Werkzeuge und Materialien – die Freunde aus Straßburg halfen dabei – und ging selbst mit einem Knecht an die Arbeit. Erst dann packten auch andere zu.

In einigen Fällen mußte Land zugekauft werden, Felsen wurden

gesprengt und Stützmauern errichtet, damit Regen und Schnee-
schmelze die Erde nicht herunterspülten. Man baute *Brücken*
über die Schirrgut und über kleine Bäche. Es dauerte lange und
bedurfte einiger Verhandlungen, bis genehmigt wurde, eine Brük-
ke über die Breusch auf dem Wege von Fouday nach Rothau, kurz
vor diesem Ort, zu schlagen. Bis dahin waren Holzbalken über
den Fluß gelegt, bei niederigem Wasserstand fuhr man mit dem
Wagen hindurch. Die Genehmigung war erst gekommen, als ein
Mädchen ertrunken war. So entstand die »Brücke der Barmherzigkeit«.

Oberlin bezeichnete es in einer Predigt als ein gutes Werk, die
Wege instand zu halten. Die dienten nicht nur allen Einwohnern,
man täte sogar den Gegnern etwas Gutes und auch den Tieren,
denn Gott hätte ein Herz für die Tiere.

Welche Schwierigkeiten zu überwinden waren, geht auch daraus hervor, daß Oberlin einen Preis aussetzte, den der erhielt, der
als erster eine neu erbaute Straße nach Barr mit dem Pferdewagen
befuhr.

Sehr groß waren Oberlins Bemühungen um die *Landwirtschaft*
im weiteren Sinne. Die Erde ist für ihn ein Abbild des Himmels,
und die Natur hat teil an der universalen Erlösung. Der Mensch
hat die Aufgabe, die Natur zu kultivieren. »Culte« heißt »Kult-
Gottesdienst«, und »cultiver« heißt »anpflanzen, pflegen«. So
erinnert schon die Sprache an Zusammenhänge. Der Ackerbau ist
für Oberlin ein heiliger Ritus. Der patriotische und christliche
Kultivater vergeistigt die Arbeit und gibt ihr Ewigkeitswert.

Zu dieser religiösen Motivation kommt die auch religiös be-
gründete Sorge um das leibliche Wohl seiner Mitbürger und das
Bestreben, der Trägheit, der Faulheit entgegenzuwirken.

Der karge, steinige *Boden* mußte verbessert werden. Misthau-
fen wurden angelegt, Jauchegruben gegraben, Kompost zubereitet und Düngermittel herbeigeschafft. Hühner und Ziegen durften
den kultivierten Boden nicht zerkratzen. Sümpfe wurden trocken
gelegt, Wiesen bewässert, Wiesen zu Ackerland und Ackerland zu
Wiesen umgearbeitet. Wer die beste Wiesenbewässerung zustande brachte, wurde mit einem Preis ausgezeichnet.

Auf die *Baumpflege* legte Oberlin besonderen Wert. Er sah sie
als einen Akt der Wiedergutmachung an der von den Menschen
zerstörten Natur an. Die Steintäler wurden zu sparsamem Ver-

brauch von Holz ermahnt. Fünf bis sechs Familien taten sich zu einer Backofen-Gemeinschaft zusammen, damit nicht jede einzelne den Ofen neu anheizen mußte. Oberlin sagte einmal: »Du bist so arm und dennoch machst Du Dein Herdfeuer auf der offenen und freien Herdstelle. Dies kostet fünf bis sechs mal mehr Holz, als wenn Du die Feuerstelle geschlossen halten würdest.« »Nichts, aber auch nichts darf verloren gehen.«

Den Bürgern zu Waldbach für das Jahr 1781 vorgeschlagen

In bezug auf die Backöfen mögen sechs oder acht Familien sich zusammentun und das Brot nacheinander backen in demselben Ofen, damit dieser warm bleibt. Da der zuerst Backende mehr Holzmaterial als die anderen braucht, wird der zweite das nächstemal mit dem Einheizen beginnen.

Wer mir ein selbstgefertigtes Wollstrumpfpaar zeigt (vom 1. Januar 1781 bis zum 31. Dezember), erhält einen Preis, nämlich: Einen Sou für ein Strumpfpaar unter einem Fuß Länge; zwei Sous über einen Fuß; drei Sous über 1 ½ Fuß; vier Sous für zwei Fuß Länge.

Einen Thaler Geschenk erhält an Michael jede Gemeinde, die den Weg ihres Bannes gut erhalten hat.

Der Weber, der bis Johanni das beste Garn gewoben hat, erhält vier Pfund Wolle.

Wer baut und gibt dem Oberzimmer die Höhe des Ofens von unten, erhält 12 Livres gleich ausgezahlt.

(Nach »Evangelisches Sonntagsblatt für Elsaß-Lothringen, Straßburg, 6. Juni 1926«)

Jeder Bürger sollte alle zwei bis drei Jahre einen Baum pflanzen. Konfirmanden mußten zwei Fruchtbäume an den von Oberlin angewiesenen Platz setzen, Eltern sollten es mit einem Baum bei der Geburt jedes Kindes tun, schon bei der Verlobung wurde das gleiche erwartet. Noch heute zeigt man die Verlobungs-Baum-

Allee oberhalb des Friedhofs in Waldersbach. Oberlin selbst legte einen Muster-Obst-Garten in seinem Gelände an und stellte seinen Mitbürgern kleine Bäume zur Verfügung.

Wie bei seinen anderen Aktivitäten mußte er auch hier gegen *Widerstände* und mangelndes Interesse mancher Steintäler ankämpfen. Am 13. November 1803 erließ er folgendes Rundschreiben an seine Gemeindeglieder[26]:

»Liebe Freunde! Satan, der Feind aller Wesen, freut sich, wenn wir ausrotten und zerstören. Unser Herr Jesus Christus dagegen freut sich, wenn wir für das allgemeine Beste arbeiten. Ihr wünschet alle durch Ihn selig und Teilhaber seines Ruhmes zu werden. Suchet Ihm daher auf alle mögliche Weise während der Zeit, die Ihr noch in dieser Welt zu leben habt, zu gefallen. Es gefällt Ihm, wenn Ihr aus Liebe Bäume für das allgemeine Beste pflanzt. Jetzt ist die Jahreszeit dazu. Seid also bereit zu pflanzen. Pflanzet auch auf die bestmögliche Weise. Erinnert Euch, daß Ihr Ihm dadurch gefallt. Haltet auch Eure Wege in gutem Stande; zieret sie; verwendet einige Eurer Bäume zu diesem Zwecke, und sorget für ihr Wachstum.«

Oberlins Großvater, Professor Feltz, hatte die im Jahre 1709 in Steintal eingeführte *Kartoffeln* dort kennengelernt und ihre nützliche Verwertung als schmackhafte Nahrung für Menschen in Straßburg bekannt gemacht. Doch die Kartoffel, eines der wichtigsten Nahrungsmittel der Steintäler, war im Laufe der Jahre entartet und brachte einen nur geringen Ertrag. Oberlin führte neue Arten ein und lehrte seine Bauern, sie zur Aussaat zu zerteilen, je nachdem, wieviel »Augen« sie hatten. Die »rote Steintäler«, aus der Schweiz eingeführt, wurde wegen ihrer Qualität weithin bekannt und brachte gute Erträge und Verdienste.

Oberlin hatte festgestellt, daß die Esparsette, die einen Lehmboden brauchte und tiefe Wurzeln trieb, hier nicht recht gedeihen konnte und besorgte *Kleesamen* aus Holland, dazu Flachssamen aus Riga. Er baute *Gemüsesorten* an, die bisher im Steintal unbekannt waren, und führte gute *Getreidearten* ein. Er legte eine Sammlung von *Heilpflanzen* an und lehrte ihre Wirkung und ihren Gebrauch. Er zeigte, wie man aus Bucheckern Öl pressen kann und ging mit gutem Beispiel voran, den Hauseingang mit *Blumen* zu schmücken.

Der Pfarrer beschäftigte sich mit *Tierheilkunde* und setzte für den schönsten Zuchtstier einen Preis aus. Er warnte vor übertriebener Hundehaltung und fragte: »Ist es einem Christenmenschen erlaubt, zur Hausbewachung einen Hund zu halten?« Die Leute sollten die Kartoffel, die sie dadurch sparten, daß sie keinen Hund besaßen, den Armen geben.

Schon im Jahre 1778 gründete Oberlin einen *Landwirtschaftlichen Verein.* Eine kleine Aufnahmegebühr wurde erhoben – die Religionszugehörigkeit spielte keine Rolle. Als Devise galt: »Wir leben für Gott und das Vaterland.« Die Versammlungen fanden am Sonntag jeweils dort statt, wo gerade Gottesdienst gehalten wurde. Oberlin bemühte sich, möglichst einmal im Monat dabei zu sein. Man las aus einem Buch oder einer Zeitschrift einen Fachbeitrag vor, diskutierte darüber und probierte die neuen Erkenntnisse möglichst in der darauffolgenden Woche aus. Am nächsten Sonntag wurden Erfahrungen ausgetauscht und ein Protokoll angefertigt. Diese Regelung war möglich, weil Bewohner aller Dörfer seiner Gemeinde sonntags dorthin pilgerten, wo gerade Gottesdienst gehalten wurde. Ob die Versammlungen auch nach dem deutschen Gottesdienst in Belmont stattfanden, läßt sich nicht feststellen. Es wird berichtet, daß am Donnerstag Lehrstunden für Erwachsene über landwirtschaftliche Fragen gegeben wurden. Wie viele Jahre hindurch solche Regelungen gültig blieben, ist auch nicht bekannt. In der 9. Klasse der Schule war ein Unterrichtsfach »Anfangsgründe des Ackerbaus«.

Oberlin richtete im eigenen Haus ein Atelier mit *Handwerkzeug,* einer Drechslerbank, einer kleinen Druckpresse und einer Buchbinderpresse ein. Schon sein Vorgänger Stuber hatte ein Lager geschaffen, aus dem Handwerkzeug zum Selbstkostenpreis verkauft wurde. Da fremde Handwerker manches Geld aus der Gemeinde hinaustrugen, ließ Oberlin eigene ausbilden, es waren dies: Schlosser, Wagner, Schneider, Schuster, Schreiner, Zimmerleute und Glaser.

Immer wieder predigte er gegen *Müßiggang und Faulheit.* Er konnte dabei recht derb werden: »Ein fauler und müßiger Mensch ist ein verächtlich Wesen. Unter den Tieren z. B. haben nur Schweine das Vorrecht, müßig zu sein.« Schon die Heiden wüßten: »Der Müßiggänger bestiehlt nicht nur sich selber, sondern auch den Nächsten und das öffentliche Wohl dazu, dazu noch den Armen und Gott, seinen Schöpfer.«

Schon Stuber hatte dafür gesorgt, daß das Spinnen im Steintal eifrig betrieben wurde. Im Jahre 1773 führte Oberlins Freund *Jean Georges Reber* aus Markirch die *Baumwollspinnerei* und *Weberei* ein, sie wurde eine gute Verdienstmöglichkeit. Zuerst wehrte man sich dagegen, aber als Frau Oberlin sich in ihrem eigenen Hause an einen Webstuhl setzte, war mancher Widerstand überwunden. So entstand eine Einrichtung für bezahlte Heimarbeit.

Oberlins Sohn Heinrich Gottfried lernte im Jahre 1812 *Jan Luc Legrand* kennen. Dieser hatte früher das Erziehungswesen in Basel geleitet, es Pestalozzi ermöglicht, in Stanz ein Waisenhaus zu gründen, und betrieb nun in St. Morand eine *Seidenbandfabrikation*. Hier wurde er Vater seiner Arbeiter, lebte mit ihnen wie in einer großen Familie zusammen – er sorgte für ihre Bedürfnisse und unterrichtete ihre Kinder.

Heinrich Gottfried berichtete ihm, daß viele Menschen im Steintal während der langen Wintermonate arbeitslos waren und dadurch Not litten – und er berichtete über das Wirken seines Vaters.

Legrand sah eine neue Aufgabe vor sich und beschloß, mit seiner Fabrik und seiner Familie nach Fouday ins Steintal überzusiedeln. Die Fabrik verlegte er im Jahre 1813, seine Frau und seine Söhne Daniel und Friedrich folgten ihm im Jahre 1814.

In einem bereitstehenden Gebäude wurde Rohseide gelagert, ein Kontor und eine Weberei eingerichtet. Viele Bewohner der Steintaldörfer konnten sich in Heimarbeit durch Spinnen Geld verdienen: der gesponnene Faden wurde in der Fabrik zu Seidenband verarbeitet.

Als sich Vater Legrand in aufopfernder Weise der Schularbeit widmete (siehe S. 52ff.) und hier den 74jährigen Oberlin entlastete, übernahm der Sohn Daniel, mit Heinrich Gottfried befreundet, immer mehr die Verantwortung für die Fabrik. Er wurde erfolgreicher Vorkämpfer für eine Arbeiterschutzgesetzgebung, er wandte sich gegen Kinderarbeit und beteiligte sich auch an der Verbreitung von Bibeln.

Der Steintalpfarrer veröffentlichte Aufrufe zur *ersten Hilfe* an Menschen, die am Ertrinken, Erfrieren oder Ersticken waren. Er ermahnte besonders die Kinder, sich zu kämmen, sich zu waschen, den Mund zu spülen und die Zähne zu putzen. Er richtete eine *Apotheke* ein, bisher war Schnaps, mit Olivenöl gemischt, eines

der wenigen Medikamente. Der Gesundheit schädliche Wohn-
häuser wurden repariert.

Der Lehrer *Scheidecker* erwarb sich beim Chirurgen Ziegenhagen in Straßburg *medizinische Kenntnisse*. Frauen wurden zu
Hebammen ausgebildet, ein Krankenpfleger wurde eingestellt.

Um Menschen in akuter Geldnot zu helfen, gründete Oberlin
eine *Leih- und Darlehnskasse* – es wurden keine Zinsen genommen. Den Ärmsten half er aus der *Armenkasse.* Es gab in seiner
Gemeinde wohl immer Arme, aber, wie berichtet wird, keine
Bettler.

Oberlin konnte berichten: »1785 im Juli erbot sich eine gute
Freundin, mir einige hundert Gulden zu leihen, um wackern
Steintälern nach und nach aus ihren Schulden zu helfen und damit
eine *Tilgungs-Kasse* einzurichten.« Die Gemeindeglieder hatten
jährlich einen kleinen Betrag abzutragen.

Der Pfarrer und Seelsorger bemühte sich, das Zusammenleben
der Menschen im Sinne der *Mitmenschlichkeit* zu beeinflussen.
Denken wir nur an seine Mahnungen über das Verhalten den
Dienstboten gegenüber:

»Halte sie zur Arbeit an, aber übertreibe nicht. Trage die Fehler
eurer Dienstboten mit Nachsicht. Äußert gegen eure Dienstboten
keinen gebieterischen Stolz. Belohnet die Dienste eurer Untergebenen so reichlich, als ihr könnt.

Nimm dich deiner Untergebenen in der Not treulich an. Sei
hauptsächlich für das Seelenwohl deiner Hausgenossen besorgt.«

Trotz mancher Mißerfolge hat Oberlin – durch seine Predigten,
seine Seelsorge und durch sein Vorbild – *das soziale Verhalten*
seiner Mitbürger stark beeinflußt. Seine Tochter Frédérique
Bienvenue, Frau Pfarrer Rauscher, schrieb am 14. März 1826 an
die Pariser Bibelgesellschaft[27]: »Dieser erfreuliche Geist der
Wohltätigkeit äußert sich besonders auch durch die eifrige Bereit-
willigkeit, mit der die jungen Leute alte und schwache in ihren
ländlichen Arbeiten unterstützen. Kaum haben sie abends ihr
eigenes Geschäft beendigt, so wird das Signal gegeben, und sie
machen sich auf, um im Vereine die noch übrige Arbeit zu
besorgen, was des wohltätigen Zweckes wegen eine Erholung für
sie ist. Wenn eine neue Hütte zu bauen ist, so übernehmen die
jungen Leute freiwillig die Aufgabe, die Materialien herbeizu-
schaffen und beim Bauwesen behilflich zu sein. Geschieht es, daß

ein armer Mann seine Ziege – sein einziges Unterhaltungsmittel – verliert, so verpflichtet sich die ganze Gemeinde zum Beitrage einer hinreichenden Summe, um dieselbe wieder zu ersetzen. Wird ein Mann von irgendeinem Mißgeschick heimgesucht, so leidet er nicht allein darunter, denn all' seine Nachbarn nehmen teil an seiner Betrübnis, wie der Apostel sagt: Und so *ein* Glied leidet, so leiden alle Glieder mit« (1. Kor. 12, 26).

So hat sich die vielfältige – die materielle, die geistige und die geistliche – Fürsorge Oberlins gelohnt.

Johann Hinrich Wichern, der Vater der »Inneren Mission«, hat in seiner »Denkschrift an die deutsche Nation« vom Jahre 1848 die Bedeutung Oberlins treffend charakterisiert: »Wir wollen alle Gedanken nur um den einen Namen Oberlin sammeln, in dem alles vorgebildet ist, was ein evangelischer Pfarrer, aber auch ein evangelischer Gutsbesitzer oder auch ein evangelischer Dorfschulze oder ein evangelischer Fabrikherr in sozialer Beziehung zu erstreben hat. Es gehört aber Oberlins Liebe und Aufopferung dazu.«

Aus »Patriarch des französischen Ackerbaus«
(Montbéliard 1819) – hier Straßenbau

16 In der Zeit der Französischen Revolution

Die von Paris ausgehenden Wellen der Französischen Revolution erreichten auch das Elsaß. Eine aus 60–80 Jakobinern bestehende Gesellschaft, die »heilige Propaganda« genannt, setzte sich die Aufgabe, die Elsäßer »für die Jugend anzuregen und ihnen ein Vaterland zu verschaffen«. Deutscher Unterricht wurde verboten[28]. Auf das Straßburger Münster setzte man eine in den drei französischen Nationalfarben angestrichene Jakobinermütze. Über dem großen Portal war zu lesen »Tempel der Vernunft«, darunter »Auf Finsternis folgt Licht«. Die Friedhöfe nannte man »Ruhestätten des ewigen Todes«. In Straßburg wütete in den schlimmsten Zeiten Eulogius Schneider, ein ehemaliger Priester. Schließlich wurde er selbst ein Opfer der Guillotine.

Wie wirkte sich die Revolution im Steintal aus? Von Paul Eugen Witz (1812–1902), »ref. Pfarrer in Koßweiler bei Wasselnheim (Unter-Elsaß), seinem direkten Enkel« wurde im Gustav-Adolf-Kalender des Jahres 1879 ein Aufsatz über Johann Friedrich Oberlin veröffentlicht. Er enthält auch einen Bericht über die Zeit der Französischen Revolution:

»Die Revolutionsmänner drangen auch in das abgelegene Steinthal, um es zu republikanisieren. Tod der Tyrannei, dem alten Schlendrian, dem Christenglauben, den Kirchen und so fort. Kein Gottesdienst mehr ist nötig. Was sollte Oberlin tun in so schlimmen Zeiten? Das Feld räumen und das so mühsam aufgebaute Werk zusammenstürzen sehen? – Nein, nein, wir hören vielmehr aus Schuberts Erzählung, wie er als treuer Seelenhirt ›klug wie die Schlangen und ohne Falsch wie die Tauben‹, auch die antichristlichen Gebote der Schreckensregierung zum Besten seiner Gemeinde auszuführen wußte.«

Witz zitiert nun Ausführungen aus dem im Jahre 1838 erschienenen Buch von Schubert »Züge aus dem Leben des Johann Friedrich Oberlin, gewesenen Pfarrers im Steinthal«: »Der Befehl der neuen Regierung lautete, die gewöhnliche gottesdienstliche Feier solle aufhören, die Gemeinden sollten sich einen Präsidenten wählen, dieser einen Bürger-Redner ernennen, und dann sollten an gewissen Tagen Versammlungen gehalten werden, bei denen der Bürger-Redner gegen die Tyrannen sprechen und mit der Gemeinde sich über die Mittel berathen solle, die Tyrannen abzuschaffen. Selbst im Steinthale fehlte es damals nicht an einzelnen Personen, denen diese neue Sache gar verführerisch neu und anlockend vorkam und die auch gern das mit- und nachgemacht hätten, was die ›große Nation‹ ihnen vormachte.

Der Pfarrer Oberlin ließ seine Gemeinde unter der Linde zusammenkommen; er las ihr das eingegangene Schreiben vor und fügte hinzu, es sei Befehl ihrer welschen (so nannten die deutschen Bewohner im Steinthal die Franzosen) Regierung, und da es die Obrigkeit geböte, müsse man auch gehorchen. Er halte es für gut, noch heute gleich zu den vorläufigen Beratungen zu schreiten. Zuerst müsse ein Präsident erwählt werden, und da er als der bisherige Pfarrer des Orts für heute wohl noch einmal das Recht nehmen dürfe, seine Meinung zuerst zu sagen, so gebe er seine Stimme dem bisherigen Schulmeister des Ortes und schlage diesen zum Präsidenten vor. Der Schulmeister sträubte sich zwar etwas gegen diese Wahl, aber Oberlin bestimmte ihn bald, sie anzunehmen, und so wurde denn die Wahl des Bürger-Schulmeisters zum Bürger-Präsidenten einstimmig von den Bauern bestätigt. Jetzt war nun die Reihe an dem Präsidenten, unter den Mitgliedern der Versammlung Jemand zum Bürger-Redner zu ernennen. Wer eignete sich aber dazu besser, als der Pfarrer Oberlin? Diese Wahl wurde mit lautem Beifallrufen der Versammlung bestätigt.

›Jetzt ist nun die Frage‹, sagte Oberlin, ›Welches Haus und welchen Tag wir zu unsern Versammlungen (Klubs) wählen wollen? Das Haus des Bürger-Präsidenten hat nur eine große Stube: die Schulstube. Da geht aber kaum die Hälfte von uns hinein, besonders da auch die Weiber gern werden zuhören wollen; im bisherigen Pfarrhaus ist auch der Raum gering, und so wüßte ich eben im ganzen Steinthal kein schicklicheres Haus zu unsern Klubs, als unsere bisherige Kirche.‹ – Die Bauern gaben hierzu allgemein ihren Beifall.

›Was nun den Tag der Versammlung betrifft‹, sagte Oberlin, ›so ist der Montag unschicklich, weil da viele nach Straßburg zu Markte fahren, ebenso Mittwoch und Freitag. Ich dächte aber doch, der schicklichste und bequemste Tag zu unsern Versammlungen wäre der bisherige und gewesene Sonntag, und zwar vorzüglich die Vormittagszeit von 9 Uhr an.‹ – Die Bauern gaben auch hierzu ihren Beifall.

Als nun die Bauern am Sonntag in ihre Kirche kamen, stand der Bürger-Redner in der Nähe des Altars. ›Was dünkt euch‹, sagte er zu den sich Versammelnden, ›sollte es nicht besser sein, ich stellte mich auf die Kanzel? Wir sind hier zu arm, uns einen besonderen Rednerstuhl machen zu lassen, und da oben könnt ihr mich besser sehen und hören.‹

Die Bauern billigten das.

Der neue Bürger-Redner trat jetzt auf die Kanzel. Er zog abermals den Befehl der Regierung aus der Tasche und las ihn vor. ›Die Welschen‹, sagte er, ›wollen also, wir sollen gegen die Tyrannei reden und über ihre Abschaffung uns beraten. Tyrannen sind nun in der alten Zeit viele gewesen, und die haben manches Unrecht getan. Hier in unserm stillen Steinthal haben wir nun keine Tyrannen, es wäre also vergeblich, gegen einen solchen zu sprechen. Ich wüßte aber doch Tyrannen zu nennen und zu beschreiben, die nicht bloß im Steinthal und in euren Häusern, sondern sogar in euren Herzen wohnen. Und gegen diese Tyrannen (Mord, Diebstahl, Fleischeslust und alles gottlose Wesen) will ich also hier reden, sowie ich euch denn auch das beste Mittel nennen und beschreiben will, diese Tyrannen abzuschaffen, welches kein anderes, ewig kein anderes ist, als das dargebotene Heil in Jesu Christo.‹

Als der Pfarrer eine Zeit lang fortgesprochen hatte, sagte er: ›Sollte es nicht besser sein für mich und euch, dazwischen auch zu singen? Und zwar, da wir keine andern Lieder kennen, aus unserm bisherigen Gesangbuch und den euch allen wohlbekannten Psalm?‹ . . .«

Witz berichtet dann noch ganz kurz, daß mancher Flüchtling im Pfarrhaus eine Zufluchtsstätte fand und daß Oberlin mit Böckel, dem Pfarrer von Rothau »in Folge der Schreckenszeit« (in Schlettstadt) »gefänglich eingezogen war, aber nach dem Sturz Robespierre wieder frei war.

Es ist bemerkenswert, daß Witz über die Erfahrungen seines Großvaters Oberlin in der Revolutionszeit nur das zu berichten weiß, was *ihm* wichtig zu sein scheint. Es handelt sich dabei um Ereignisse aus dem Jahre 1794, als dem Steintalpfarrer am 9. April alle Amtshandlungen untersagt wurden – nach dem allgemeinen

Verbot aller Gottesdienste am 7. November 1793. Doch die Ausführungen von Witz bedürfen noch einiger Ergänzungen, da zu Oberlins Verhalten noch mehr zu sagen ist.

Wie der befreundete Abbé Grégoire, der Mitglied des National-konvents wurde, setzte sich auch Oberlin für die Abschaffung des Königtums ein, weil er mehr soziale Gerechtigkeit erwartete. Er meinte, in den Ereignissen der Revolution Signale des Anbruchs des Reiches Gottes zu sehen. Er verurteilte alle schrecklichen Handlungen, tröstete sich jedoch damit, daß es sich um einen Samstag-Hausputz handle: »Alles soll sehr schön werden im Blick auf den kommenden Sonntag.«

Für Oberlin und seine Familie brachte die Revolution einige Konsequenzen. Allen Geistlichen in Frankreich wurden die Ein-künfte entzogen. Die Gemeinde zu Waldersbach beschloß, für die Pfarrfamilie eine Hauskollekte zu sammeln. Doch der erwartete Erfolg blieb aus. Am 11. März 1792 erhielt Oberlin offiziell das Patent als Handwerker – ob nun Bücher eingebunden, Strickar-beiten oder anderes angefertigt wurde, blieb ihm überlassen. Seine Söhne lernten das Buchbinder- oder Glaserhandwerk. Auch in den Zeiten, in denen die öffentlichen Gottesdienste verboten waren (die Notlösung der Klub-Versammlungen konnte auch nicht oft wiederholt werden – und die erste offizielle Predigt wird Oberlin erst wieder zu Ostern 1795 halten), hatte der Pfarrer reichlich zu tun: Abendmahlsfeiern im eigenen und in anderen Häusern, Taufen, Seelsorge setzten ihn großen persönlichen Gefährdungen aus.

Oberlin, der von sich sagte: »Ich bin ein Deutscher und zugleich ein Franzose«, durchlebte und durchlitt die Zeiten der Französi-schen Revolution vor allem als Franzose – und so bemühte er sich, ihr auch alle positiven Seiten abzugewinnen.

Dies war nicht immer leicht. Als mit dem 22. September des Jahres 1792 das Jahr I der Französischen Republik ausgerufen, der Monat in drei Dekaden eingeteilt wurde und somit an die Stelle des Sonntags der »Zehnte« trat, tröstete Oberlin sich und seine Gemeinde mit dem Hinweis auf den Vers 16 des 2. Kapitels des Kolosserbriefs, wo es heißt: »So lasset nun niemand euch ein Gewissen machen . . . über bestimmte Feiertage oder Neumonde oder Sabbate.« Als am 14. Juli 1790, dem 1. Jahrestag der Erstürmung der Bastille, auf der Perhöhe bei Waldersbach ein

Altar des Vaterlandes aufgerichtet wurde, als die neugewählten Bürgermeister und Gemeinderäte ihren Eid leisteten, betete Oberlin für das Glück Frankreichs.

Am 13. November 1791 überreichte er beim Konstitutionsfest zu Fouday den Bürgermeistern die Schärpen als Zeichen der Würde und dankte Gott, daß die bisher Privilegierten entmachtet wurden. Doch entscheidend war für ihn, daß Gott die Herzen der Menschen ändere, damit das Reich des Teufels zerstört wird.

Am 20. April 1792 erklärte Frankreich Österreich den Krieg, Preußen stellte sich auf die Seite Österreichs. Am 5. August hielt Oberlin für die Freiwilligen aus dem Steintal einen Abschiedsgottesdienst und sagte u. a.: »Wenn ihr ein feindliches Land betretet, so gedenkt daran, daß wir nicht Feinde der Völker sind . . .«

Wenige Tage später, am 7. August 1792, schrieb er an seinen ältesten Sohn Frédéric Jérémie, der sich als Freiwilliger gemeldet hatte, u. a.: »Ich sah mit viel Freude, daß Du einer der Ersten warst, die sich in die Einschreibung gemeldet haben. Wenn meine Lage es erlaubt hätte, hätte ich es auch getan. Laß Dich von Gott führen . . .« – Schon am 27. August wurde der Sohn bei Bergzabern von einer tödlichen Kugel getroffen.

Mit dem Sturm auf die Tuilerien am 10. August 1792 setzten sich die Jakobiner mit ihren Terrormethoden immer mehr durch. Am 21. Januar 1793 wurde König Ludwig XVI. hingerichtet, etwa neun Monate später die Königin Marie Antoinette.

Am 15. Dezember 1793 mußte Oberlin sein »Glaubensbekenntnis« vor dem Allgemeinen Sicherheitsausschuß ablegen. Er hatte sich vorher aufgeschrieben, was er zu sagen vorhatte. Da heißt es u. a.[29]: »Ich stimme vollkommen bei, daß man die leeren Zeremonien abschaffte und daß man jedes seichte, fruchtlose Dogma verbannte, das nur zu leeren Streitigkeiten diente. Ich beschränkte mich immer bei meinem Unterricht auf das, was meine Mitbürger zu aufgeklärten, wackeren, fleißigen Männern, guten Patrioten, guten Vätern, guten Soldaten, treuen, in jeder Lage brauchbaren Republikanern bilden muß . . .« Wir wissen nicht, was Oberlin beim Verhör tatsächlich gesagt hat. Ob ausgesprochen oder nicht, in keinem Fall wird er das von ihm anerkannte kirchliche Dogma abgelehnt haben. In seiner Gefährdung half ihm ein vom Waldersbacher Komitee unterschriebenes Dokument, in dem u. a. zu lesen ist: »Sogleich, als uns das Glück einer neuen Verfassung zuteil wurde, hat er sie mit frohem Herzen begrüßt und sein Äußerstes getan, unsere Jugend zu ermutigen, auszuziehen, um sie zu verteidigen; uns allen hat er sie erklärt und uns gelehrt, sie anzunehmen und zu lieben; und allezeit hat er die Gefühle eines wahren Republikaners an den Tag gelegt.« – Das Verhör verlief für Oberlin positiv.

Im Januar 1794 erkrankte er schwer an »Faulfieber«, Ursache dafür waren wohl auch die seelischen Belastungen. Am 30. März – 27 Jahre nach seiner Ankunft im Steintal – wurde er zum ersten Mal nach seiner Krankheit, die 70 Tage gedauert hatte, von zwei Ältesten gestützt, zur Kirche geführt.

Wie sehr Oberlin sich als Republikaner fühlte und wie er die jungen Menschen zu Republikanern erziehen wollte, geht aus einer Rede hervor, die er an einem Jugendfest am Sonntag, dem 21. Germinal im Jahr IV (10. April 1796) gehalten hat[30]. Das Fest wird nur dann recht gefeiert, »wenn die Mehrzahl der Mitglieder der französischen Republik von wahrhaft republikanischen Gesinnungen beseelt wird, das heißt:

1) Wenn sie begreift, daß das allgemeine Wohl das Glück der Einzelnen bildet; daß jeder Einzelne bloß für das Allgemeine leben soll; daß Gott uns nur dann loben und lieben kann, wenn wir hiernach denken und handeln.

2) Dann also ist man ein Republikaner, wenn man bloß um des allgemeinen Besten willen um sich blickt, etwas unternimmt, sein Fortkommen sucht, irgend eine Profession oder Lebensweis wählt, sich verheiratet, Kinder zeugt und auferzieht.

3) Dann ist man ein Republikaner, wenn man aus Liebe für das allgemeine Beste sich bemüht, den Kindern das Beispiel eines edlen, Andern nützlichen, mit guten Werken, das heißt, mit Beschäftigungen ausgefüllten Lebens gibt, dessen Hauptzweck die öffentliche Wohlfahrt ist.

4) Dann ist man ein Republikaner, wenn man so seine Kinder erzieht, wenn man ihnen ähnliche Gefühle einhaucht und sie immer mehr für das allgemeine Beste heranbildet, indem man ihnen Wohlgefallen an Wissenschaften und an Nächstenliebe einpflanzt. Endlich

5) dann ist man ein wahrer Republikaner, wenn man sie vor jenem selbstsüchtigen Geiste bewahrt, der heutzutage mehr als jemals eine Nation zu beherrschen scheint, die doch das eidliche

Gelübde abgelegt hat, gegenseitig sich wie Brüder zu achten und zu lieben, wovon *leider der größte Teil nur auf seinen Vorteil sieht und nichts für das allgemeine Beste tut, außer wenn er dazu gezwungen wird.* Ach, fern von uns sei dieser höllische, unrepublikanische, zugleich unchristliche Geist! O, meine jungen Mitbürger, die ihr von heute an unter die aktiven Bürger gezählt werdet, o möchtet ihr euch dieses ehrenwerten Titels würdig machen, indem ihr euch beeifert, der öffentlichen Sache und dem allgemeinen Besten eure Kräfte, euren Geist und eure Talente zu widmen, und zu diesem Zweck Verstand, Geschicklichkeit, Kenntnisse und einen edlen, himmlischen, göttlichen Sinn euch zu erwerben . . .«

Aus dem Inhalt dieser Rede läßt sich Oberlins Verhalten während der Revolutionszeiten erklären. Er dachte und handelte als Bürger und als Christ, wie dies seiner Erkenntnis entsprach. Ihm wurde der Titel »aktiver Bürger« verliehen.

Wie er sich mit Schwierigkeiten dieser Zeit in positiver Weise auseinandersetzte, zeigt folgendes Beispiel:

Die französische Regierung hatte Staatsschuldscheine, Assignaten genannt, in großer Menge drucken lassen und in Umlauf gesetzt. Es wurden immer mehr Scheine gedruckt, und der Wert sank immer mehr, so daß man kaum etwas oder gar nichts dafür kaufen konnte. Oberlin machte in einem öffentlichen Schreiben an die französische Nation und auch speziell an seine Pfarrkinder folgenden Vorschlag: Jeder solle, so oft er mit diesem Papiergeld bezahle, jene fünf-Livres-Assignate um zwei Sous billiger abgeben und dies auf der Rückseite vermerken. Wenn eine Assignate 50 Mal in Umlauf gesetzt war, wäre ihr Wert erloschen und so der Verlust auf viele Schultern verteilt. Oberlins Vorschlag wurde in der breiteren Öffentlichkeit nicht angenommen, jedoch in seinem engeren Gemeindebereich praktiziert. Dies sah Oberlin als eine patriotische und mitmenschliche Pflicht an.

Es sei zum Schluß noch darauf hingewiesen, daß Oberlin mit den Protestanten Frankreichs die Revolution deshalb begrüßte, weil sie ihnen die Anerkennung brachte.

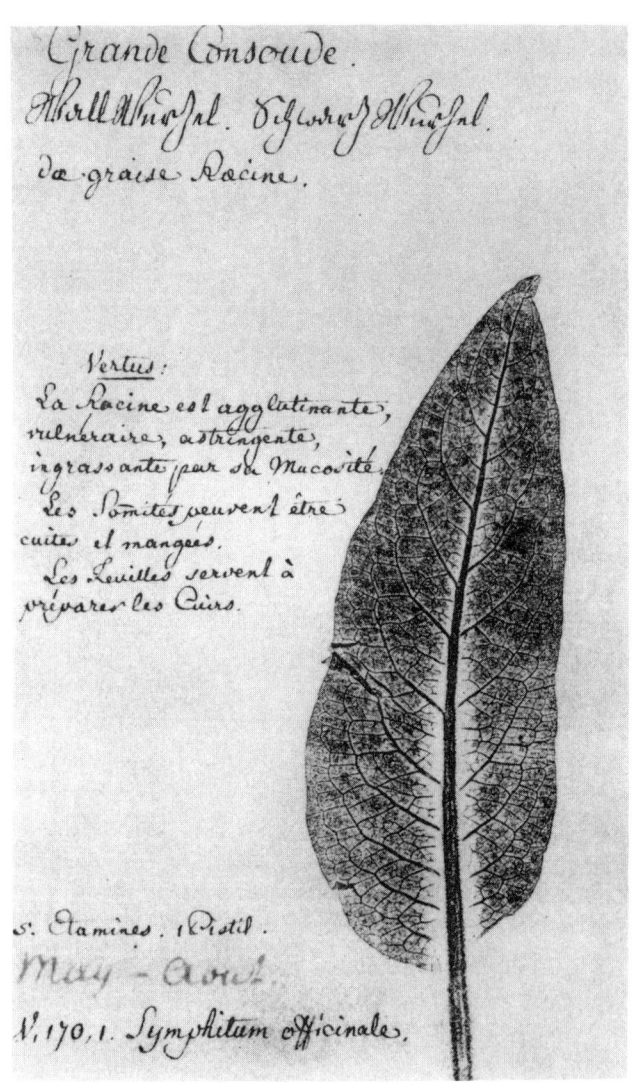

Grande Consoude.

[handwritten text] . *[handwritten text]*.
da graise Racine.

Vertus:
La Racine est agglutinante,
vulneraire, astringente,
ingrassante par sa Mucosité.
Les Sommités peuvent être
cuites et mangées.
Les Feuilles servent à
préparer les Cuirs.

5. Etamines. 1 Pistil.
May – Avril.
N°. 170, 1. Symphitum officinale.

Pflanzenabdruck für Lehrzwecke

94

17 Diakonissen

»Ich hege eine besondere Achtung für das weibliche Geschlecht«,
so schrieb der achtzigjährige Oberlin in einer Schilderung seines
eigenen Charakters[31]. Ohne verantwortliche Mitwirkung von
Frauen ist Oberlins segensreiche Arbeit in seiner Gemeinde nicht
zu verstehen. Denken wir an seine früh verstorbene Gattin,
denken wir an Louise Scheppler und an die zahlreichen Erzieherinnen, die »Anführerinnen der zarten Jugend« und nicht zuletzt
an die Diakonissen, für die er Raum zu einer seelsorgerlichen und
diakonischen Betätigung schuf. Und letzteres geschah gerade in
den Zeiten der Revolution.

Die geringe öffentliche Beteiligung der Frau in Erziehungsfra-
gen erklärte Oberlin mit nicht mehr gültigen Sitten im Orient. Die
Frau, die mit Schmerzen Kinder gebiert, hat von Natur aus
Verständnis für die Schmerzen anderer Menschen. Oberlin begrüßte die Deklaration der Frauenrechte vom Jahre 1791[32]. Im
gleichen Jahr (am 8. Mai 1791) sagte er bei einer Männerversamm-
lung: »Da es nun aber das weibliche Geschlecht ist, das unsere
Erziehung in den ersten Jahren des Lebens fast allein beeinflußt
und uns die allerersten Wege weist für unseren Geschmack,
unsere Liebhabereien und unsere Neigungen, so ist es nur recht
und billig, daß man heutzutage überall den starken Wunsch hegt,
daß doch auch die Frauen sich unterrichten möchten über die
Bestimmungen und die gelegentlich auch unerwarteten Wirkungen unserer neuen Verfassung[33].«

Die Frauen durften also in Zukunft an den Zusammenkünften
am Sonntag abends oder nachmittags in der Kirche teilnehmen.
»Wenn sie sich in die letzten Bänke, in der Nähe der Mauer setzen
würden, würden sie in keinem Fall stören.« – Die Männer mußten
sich also an sie gewöhnen!

Ein wichtiges Dokument für die Begründung und Gründung
eines Diakonissenamts besonderer Prägung sind Aufzeichnungen
Oberlins, die sich unter den Familienpapieren von Pfarrer Paul
Werner, einem Nachkommen des Steintalpfarrers, fanden:

Aus Entwürfen von Pfarrer Joh. Friedrich Oberlin

I.

1791, Freitag, 12. Mai, in Waldersbach, und in voller Versammlung in der Christenlehre von Sonntag, dem 14. August 1791, ebenfalls in Waldersbach.

Ich habe einige Fragen den Frauen aus unserer Pfarrei vorzulegen:

1. Als wir am vergangenen Donnerstag mit der Lektüre des Briefes an die Römer abschlossen, fanden wir folgende Worte: »aus Korinth geschrieben an die Römer durch Phoebe, Diakonisse der Kirche von Kenchreae«, und im ersten Vers des letzten Kapitels sagt er: »Ich empfehle euch unsere Schwester Phoebe, die Diakonisse der Kirche zu Kenchreae ist.«

2. Welches ist dieses Diakonissenamt, unter den ersten Christen organisiert und eingerichtet durch die Apostel selbst?

3. Habt ihr nie darüber nachgedacht?

4. Besteht dieses Amt unter uns?

5. Ist es zu unserem Besten oder zu unserem Schaden, daß es nicht besteht?

6. Wie könnte man diesen Fehler wieder gut machen, und wie könnten wir uns dem Beispiel nähern, das Gott allen Christen durch die Urgemeinde gibt?

Ich bitte euch, über diese Angelegenheit nachzudenken und sie Gott durch eure Gebete zu empfehlen und ihn anzuflehen, er möge auch selbst uns führen, wie er die ersten Christen führte, auf daß wir wie sie ein heiliges und ihm liebes Volk seien.

Was ist eine Diakonisse? Eine Person, die für ihr Geschlecht das ist, was die Diakonen für das unsere sind.

Was ist denn ein Diakon: Die Urgemeinde hatte dieser mehrere. Es waren Männer, die die anderen Glieder der Kirche erwählten, eingesetzt, um dem Pfarrer oder Bischof in allen Verpflichtungen seines Amtes behilflich zu sein.

Was man damals Diakon nannte, heißt zum Teil unter uns im Steintal Ältester.

Nun besteht die Hauptverpflichtung des Pfarrers darin (Eph. 4, 12), daran zu arbeiten, daß die Heiligen zugerichtet werden zum Werk des Amts, dadurch der Leib Christi erbauet werde, bis daß wir in der Heiligkeit ein vollkommener Mann werden, der da sei im Maße des vollkommenen Alters Christi.

Dieses große Werk erfordert die Mitarbeit und die Mithilfe aller Seelen, die Jesu Christo zugetan sind, damit alle Personen einer Kirche rechtzeitig ermahnt, gewarnt und bearbeitet werden. Und deshalb haben die Jünger und Apostel Jesu Christi, vielleicht auch er, der liebe Herr selbst, Diakonissen unter den Frauen außer den Diakonen oder Ältesten unter den Männern eingesetzt.

Nun, meine lieben Schwestern, können die Frauen aus meiner Pfarrei sehen, ob sie unter sich Diakonissen haben, und wenn sie sehen, daß sie keine haben, können sie überlegen

1. ob sie welche möchten,
2. wie man es anfängt, um solche einzusetzen?

II.

1791, 26. Mai, im Abendgottesdienst zu Waldersbach, und vor allem in der Christenlehre von Sonntag, dem 21. August 1791, zu Fouday.

Welche Eigenschaften fordert man von einer Person, die als Diakonisse wählbar ist?

Große Demut und eine zarte Liebe für Jesus Christus. Wenn sie Jesus Christus liebt, wird sie seine Gebote studieren, um ihre Freundinnen daran zu erinnern. Ist die demütig, so wird sie die anderen nicht befehligen, nicht meistern wollen. Sie wird nicht herrschsüchtig, unverschämt und hochmütig sein.

Hat sie selbst gelitten, ist sie durch Leiden und Prüfungen hindurchgegangen, so wird sie Mitleid haben mit denen, die ebenfalls hindurchmüssen, sie wird sie nicht richten, sondern trösten, stärken, ermutigen.

Und wenn sie den Herrn Jesus Christus zärtlich liebt, wird sie zärtlich, schwesterlich alle Menschen lieben, die auch danach trachten und wünschen, Jesu Christo anzugehören.

Sind sie demütig und von Liebe erfüllt, so werden sie aus Liebe zu Jesu Christo ihre Männer achten und werden ihnen gehorchen, und das Heil ihrer Kinder wird ihnen angelegentlich am Herzen liegen, und sie werden sich zu allen Kindern hingezogen fühlen, sie werden sie gern lieben, beaufsichtigen, herzen und auf dem Herzen tragen.

An solchen Charakteren könnt ihr die Personen erkennen, die geeignet sind zur Wahl als Diakonissen.

Fragt ihr: Wie sollen wir es anfangen, wenn wir solche wählen wollen? Folgendermaßen: Wo sich 5, 6, 7 Personen gleicher Gesinnung Gott gegenüber befinden, oder die um ihre Heiligung in gleicher Weise besorgt sind – ohne Rücksicht auf das Dorf, in dem jede wohnt –, dann sollen sie untereinander ihre Absicht besprechen und die Zeit vereinbaren, zu der sie wählen wollen. Sie mögen ungefähr 8 Tage festsetzen, um Zeit zu haben, eine jede persönlich mit ihrem Heiland darüber zu sprechen und ihm die Sache zu empfehlen – nach Ablauf der festgesetzten Zeit sollen sie unter sich wählen, sei es durch Zuruf, sei es durch Geheimwahl oder regelrechte Abstimmung, danach, nach Bekanntwerden der Person, die am meisten Stimmen hat, sollen sie die Zeit ihrer Einsetzung bestimmen, so daß einige Tage dazwischen liegen, damit sie noch darüber mit Jesu Christo sprechen und ihm die gewählte Person empfehlen können.

Um sie als Diakonisse einzusetzen, können sie ungefähr folgendermaßen verfahren:

1. Sie werden die gewählte Person fragen, ob sie die Güte haben will, sie zu beaufsichtigen, sie zurechtzuweisen, sie zu ermahnen, sie ständig Gottes Gnade zu empfehlen und ihnen so weit wie möglich vorwärts zu helfen auf dem Weg und im großen Werke der Heiligung.

2. Wenn die gewählte Person sich dazu hergibt, dann sollen die anderen ihr die Hand auflegen und ihr das Amt einer Diakonisse übertragen, etwa mit folgendem Gebet:

O Herr Jesus Christ, Heiland und Bräutigam unserer Seelen, der du deiner Kirche Apostel, Propheten (Eph. 4, 11) Evangelisten, Hirten und Lehrer gegeben hast – und dann diesen Diakonen und Diakonissen oder Gehilfen –, um gemeinsam zu arbeiten an der Zurichtung der Heiligen, zum Werke des Amtes, zur Erbauung deines Leibes – bis wir alle hinankommen zu einerlei Glauben und Erkenntnis, bis zum Stand eines vollkommenen Menschen nach dem Maße deiner selbst in der Vollkommenheit, lieber und verehrungswürdiger Meister – wir bringen vor dich und empfehlen dir demütig unsere liebe Schwester, die wir als unsere Diakonisse erwählt haben, wie es in der ersten Kirche geschah. Ach, du wollest ihr den nötigen Eifer und die rechte Fähigkeit schenken, damit sie dein Werk und uns fördern kann, und damit sie uns wachsen lasse in der Heiligung und dieses Werk vollende in deiner Furcht zur Ehre deines großen Namens und zur Freude deines zartliebenden Herzens.

3. Daraufhin versprechen alle diese Personen ihrer neuen Diakonisse, ihr gegenüber in gleicher Weise zu handeln, ihr dieselben Dienste als Schwester zu leisten, d. h. sie ebenfalls zu beaufsichtigen, sie zurechtzuweisen, zu warnen, zu ermahnen und sie auch Gottes Gnade zu empfehlen. So weit Oberlins Aufzeichnung.

Es handelt sich hier also um die freiwillige Bildung kleiner Gruppen zur seelsorgerlichen Betreuung. Wieweit diese Gruppen zustande kamen, ist nicht bekannt. Man wird an den Versuch Oberlins zu Beginn der achtziger Jahre erinnert, eine Kerngemeinde zu gründen.

Besondere Charakteranlagen sind nötig, damit eine Frau von der Gruppe gewählt und unter Handauflegung als Diakonisse eingesetzt werden kann, also Frauen unter sich. Den damaligen Auffassungen und auch biblischen Aussagen entsprechend, wird von den Frauen erwartet, daß sie aus Liebe zu Jesu Christo ihre Männer achten und ihnen gehorchen. Ob wir in Oberlin, der ja »eine besondere Achtung für das weibliche Geschlecht« hatte, unsere eigenen Gedanken hineinlegen, wenn wir solche Worte so zu verstehen suchen? Die Menschheit hat nur dann noch eine gewisse Frist zu leben, wenn es immer wieder Menschen gibt, die bereit sind zu dienen – im großen und im kleinen. Die Erfahrungen von Generationen zeigt, daß Frauen dazu eher imstande waren als Männer, die daraus keinesfalls ein Recht ableiten dürfen, über die Frauen zu herrschen. Es gilt, das zu verwirklichen, was im 1. Petrusbrief, Kapitel 4, Vers 10 zu lesen ist: »Dienet *einander,* ein jeglicher mit der Gabe, die er empfangen hat, als die guten Haushalter der mancherlei Gnade Gottes.« Solche Zusammenhänge sind nicht mit oberflächlichen rationalen Argumenten verständlich zu machen (sie widersprechen heutigen Tendenzen) – und doch geht es dabei um die Erhaltung unserer Welt. In diesen oft verborgenen Beziehungen von Menschsein (dem Humanum) und Dienen liegen die Ursprünge aller echten Diakonie. Und hier haben Männer von Frauen, die solche Zusammenhänge zum mindesten ahnen, viel zu lernen.

Im April 1794 wurden alle gottesdienstlichen Handlungen verboten, erst Ostern 1795 durfte Oberlin wieder eine Predigt halten. Es war eine sehr lange Predigt mit vielen Bibeltexten. In speziellen Ansprachen wandte er sich an die großen Mädchen, an die Männer, an die Buben oder jungen Männer und an die Frauen. Im zweiten Teil des Gottesdienstes ging es um die Einführung der Diakonen und Diakonissen. Oberlin sagte u. a.:

»Wer nun unter euch, getragen von der Liebe und Ehrerbietung von unserem Erlöser, sich diese Einrichtung zueignen möchte, trete vor zu mir an den Altar, eins nach dem andern, um diejenigen Personen zu nennen, in die er diesbezüglich das meiste Vertrauen hat, die nach seiner Meinung sich für diese Aufgaben am besten eignen durch Demut, Bescheidenheit, Liebe zu Christus . . . Und die Person, die die meisten Stimmen hat, wird euer Diakon oder Diakonisse sein. Und die die meisten Stimmen nach ihr hat, wird die zugeordnete Mithilfe sein, als Unterdiakonisse, und dies für so lange Zeit, als ihr es für gut findet, sagen wir für sechs bis zwölf Monate.«

In einem Schreiben, das nicht datiert ist, aber als Weiterführung der Gedanken der Predigt angesehen werden kann, wird eine Ordnung aufgestellt[34]. Danach sollen für Waldersbach, für Belle-fosse und Belmont je zwei oder drei Diakonissen beauftragt werden, für Fouday und Solbach je zwei und für die drei Weiler je eine. Es soll nur für ein Jahr gewählt werden, Wiederwahl ist mehrere Male möglich, es kann mit Stimmzetteln abgestimmt werden.

Neben seelsorgerlichen haben Diakone und Diakonissen auch soziale Aufgaben zu erfüllen. So ist z. B. in einem Dokument zu lesen: »Befindet sich eine von ihren Auftraggeberinnen in einer Notlage, in der sie meint, Hilfe aus dem Almosen der Kirche verlangen zu müssen, so wird die Diakonisse darüber mit dem Ältesten in Gegenwart von dessen Frau sprechen.«

Die Frau des Ältesten muß dabei sein, weil »der Anstand es verlangt, zu einem Manne, wer es auch sei, niemals allein zu kommen, den eigenen Mann ausgenommen«. – So streng waren die Sitten! –

Die Diakonissen hatten auch Ordnungshüterinnen während der Gottesdienste zu sein. Die Ältesten, die Diakone und Diakonissen sollten die Eltern der Jugendlichen, die sich in der Kirche schlecht benahmen, benachrichtigen. Ein undatiertes, wohl an der Kirchentür angeheftetes Plakat mahnte: »Jeder Freund Gottes, außer den Diakonen und Diakonissen, die speziell hiermit beauftragt sind, ist eingeladen, dem Pastor die Namen der Knaben anzugeben, die sich in der Kirche wie Schlingel benehmen, den Hut aufsetzen oder laut lachen, stoßen, sich drängen. Beginnt bei den Widerspenstigen.« – Die Jugend von damals . . .!

Zu den Hauptaufgaben der Diakonissen gehörte das Fürbittegebet[35]. »Und ihr endlich, Älteste, Diakone und Diakonissen. O helft eurem Heiland, dem Herrn Jesus Christus. Ihr seid berufen, seine Mitarbeiter und Mitarbeiterinnen in seinem Weinberge zu sein. O laßt nicht nach, – betet für alle eure Mitbürger – für die Jugend und ihre Lehrer – betet für die Erwachsenen, Burschen und Mädchen, betet für die Väter und Mütter, – betet für die Vorgesetzten. Liebt die Einsamkeit, und dort opfert Gott eure Gebete mit Tränen, mit Nachdruck und demütiger Ausdauer.«

Wir dürfen die Begründung und Gründung des Diakonissentums durch Oberlin nicht von unseren kirchlichen und gesellschaftlichen Verhältnissen her beurteilen. Für die damalige Zeit war es eine Befreiung der Frau, ein Herausrufen in die öffentliche Verantwortung, um ein demokratisches Verfahren: die Frauen wurden von Frauen gewählt und bestätigt. Die Wahl erfolgte durch Glieder der Gemeinde für die einzelne Gemeinde. An eine Mutterhausdiakonie, wie Fliedner wenige Jahrzehnte später, dachte Oberlin nicht.

18 Um das Jahr 1805

Am 31. August 1805 wurde Johann Friedrich Oberlin 65 Jahre alt. Ruhestandsalter? Es ist schon lohnend, danach zu fragen, welche Aktivitäten des Steintalpfarrers um das Jahr 1805 uns bekannt sind und was ihn wohl innerlich bewegt hat. Dabei muß manche biographische Darstellung korrigiert werden, die davon ausgeht, daß er in seinem pfarramtlichen Wirken kontinuierlich erfolgreich war und daß er selbst (nur wenig angefochten) sicher seinen Weg ging. Doch auch Notvolles in seinen gemeindlichen Erfahrungen und manches nach unseren Erkenntnissen Anfechtbares in seinem pastoralen Wirken bringen ihn uns menschlich näher, ohne daß das Außerordentliche seines begnadeten Lebens in seiner christentumsgeschichtlichen Einordnung dadurch verdunkelt zu werden braucht.

1804 – der Philosoph Immanuel Kant stirbt achtzigjährig; 1805 – der Dichter Friedrich von Schiller stirbt sechsundvierzigjährig. Weder in der chronologischen Tabelle von Ereignissen, die ihn interessieren, noch in seinem Historischen Almanach[36] wies Oberlin auf diese Daten hin. Es gehörte in seinen Interessenbereich, daß er zum 2. Januar 1801 »Tod Lavaters« und zum 14. März 1803 »Tod Klopstocks, des berühmten Dichters zu Hamburg« notierte – und zum 6. Oktober 1806 »Tod meines vortrefflichen Bruders Jeremias Jakob, Prof., 71 Jahre alt«.

Unter dem Datum 19. Dezember 1805 ist zu lesen: »Mein linkes Knie unter Sattelholz und dem Pferd gequetscht, da es sich blitzschnell auf die Seite warf, um sich im Schnee zu wälzen.«

Oberlin, der seine Steintaldörfer selten verließ, pflegte den Kontakt zur 1804 gegründeten Londoner Bibelgesellschaft, er korrespondierte mit der »Société Agriculture«. Lesenswert sind auch seine Briefe aus dieser Zeit, die er an den »Herrn Kandidat« Christian Gottlieb Blumhardt in Basel, der im Jahre 1816 Inspektor der Basler Missionsgesellschaft wurde, schrieb. Seine Korrespondenz mit der Predigerkonferenz der Herrnhuter Brüdergemeine, die er seit 1804 einige Jahre hindurch führte, lag ihm sehr am Herzen. Jung-Stilling hatte diese Konferenz im Jahre 1804 besucht und schrieb darüber in seiner »Lebensgeschichte«[37]:

»Es waren jetzt gerade 50 Jahre, als der Bischof Reichel diese Zusammenkunft veranlaßte . . . Am 30. Mai kommen eine Menge Prediger aus beiden protestantischen Konfessionen, aus allen benachbarten Provinzen, in Herrnhut zusammen; es waren ihrer jetzt ungefähr 70 . . . Man versammelt sich des Morgens um acht Uhr, eröffnet die Sitzung mit Gebet und Gesang und beratschlagt sich dann nicht so sehr über wissenschaftliche Gegenstände, als vielmehr über die Amtsführung, das Leben und den Wandel der Prediger und der Gemeindeglieder und besonders über die Aufrechterhaltung der reinen Lehre des praktischen Christentums. An diese Predigerkonferenz laufen nicht allein Briefe aus allen Provinzen Europens, sondern aus allen Weltteilen ein; diese können nun unmöglich alle an diesem Tage gelesen werden; man wählt also die wichtigsten heraus, liest sie vor, beratschlagt sich darüber und beantwortet sie hernach . . .« – Oberlins Briefe zeugen von einer inneren Verbundenheit mit der Konferenz und sind somit ein Charakteristikum seiner Persönlichkeit.

Der etwa fünfundsechzigjährige Steintalpfarrer hatte übermäßig viel zu tun. Am 30. März 1805 schrieb er nach Herrnhut: ». . . aber ich bin so gedrückt und zerdrückt mit Arbeit aller Art, daß ich der Arbeit unterliege und nicht alles zwingen kann.«

Schon in einem Brief vom 30. August 1804 hatte er seinem Sohn Heinrich Gottfried über seinen Zustand berichtet: »Ich bin meist mit Arbeit übermenschlich überhäuft, da die Bosheit unsichtbarer Wesen durch ihre sichtbaren Diener sichtbar bereitet, vergrößert, verwickelt, verbittert – und dergestalt, daß ich sie allein tragen muß und mir niemand darin helfen kann, weil niemand genug aller hiesigen Dinge Lage kennt. Ich kann mir eine Vorstellung davon machen von der Lage des Moses, obwohl der Abstand zwischen seinem Amt und dem meinigen ungeheuer groß ist.«

Beachtenswert ist Oberlins Vergleich seiner Situation mit der des Mose. Hier wohl nicht in dem Sinne, wie er in einer der ältesten Oberlin-Biographien nach dem Bericht eines Besuchers im Jahre 1820 gemeint ist[38]:

»Gleich Moses, liebte er die Ordnung sehr und hatte einen besonderen Takt zum Regieren. Gleich ihm auch, vereinigte er eine ausgezeichnete Sanftmut mit Heftigkeit, wenn er gereizt wurde, und der gediegendsten Entschiedenheit des Charakters. Wie bei Mose gegen Ende seiner Pilgerfahrt, so könnte auch von Oberlin gesagt werden, daß sein Blick fast erlosch und seine Kräfte sehr geschwächt wurden.« Der Vierundsechzigjährige wird mit seinem Mose-Vergleich wohl gemeint haben, daß er um den rechten Weg des »Volkes« mühevoll ringen mußte und das »Land«, das gesetzte Ziel, nicht zu erreichen meinte.

Noch ein anderes Zeichen seiner Überbelastung: Einen im März begonnen Brief an Herrn Blumhardt in Basel konnte er erst am 17. Juni 1805 fortsetzen mit der Begründung: »Seit dem ich obiges geschrieben, war es mir durch allzu viele Geschäfte aller Art, von denen ich in meiner hiesigen ganz besonderen Lage schwer gedrückt werde, unmöglich gemacht, weiter zu schreiben.«

Doch insgesamt war Oberlin mit seinem Beruf zufrieden. Er schrieb am 17. Dezember 1804 an Blumhardt: »Wären nicht meine beyden Eltern und sogar auch meine seelige Frau in ihren Erbschaften so sehr verkürzet und zurück gesetzt worden, so wäre ich reich gewesen und nicht, was ich bin. Aber Gott seye gelobet, daß Er es so geschicket hat; denn vor dem Angesichte Gottes versichere ich, daß ich lieber der Seelsorge meiner armen Gemeinde, als ihr Genädiger Herr bin, ich habe beydes können lernen. Der beste Ruf ist der, wo man am meisten wahren Nutzen stiftet und am schlechtesten belohnt wird.«

Aus einer Predigt vom Februar 1804 und ihrer Fortsetzung im März 1805 über »Die Mitter-Nacht-Stunde in Gethsemane« (Luk. 22, 39–46) erspüren wir etwas von Oberlins ureigensten Erfahrungen.

Dem ringenden Jesus erscheint ein Engel vom Himmel und bringt ihm Stärkung. »Wann die Not am größten ist, wann das Leiden, das zur Bewährung führet und ausgelitten werden muß, wann es sich auf die höchste, zersprengendste Höhe hinauf gewälzet hat, wann die Kraft des Lebens in den letzten matten Ringungen mit dem Tode kämpft, – siehe, da erscheinen Engel, Bothen des Himmels zum Dienst und Trost der Erwählten zur Trübsal und Reiche Jesu!

Wer hat's nicht schon erfahren in Stunden, wo er tief verlassen seufzte, lechzte nach Erquickung, wie der müde Hirsch nach frischem Wasser – in jenen unaussprechlichen Stunden, wo man dem Tode ruft als einem Freund und sich nach dem Grabe sehnt wie der Müde nach dem Schlafen . . . Wer hat's nicht schon erfahren, daß ihm eben dann ganz unerhoffter, erquickender, wieder neu belebender Trost zugekommen ist . . .«

Am Schluß der Fortsetzung der Predigt heißt es: ». . . o so ist Einer, der nicht schlafet noch schlummert, wann auch niemand eine Stunde mit dir wachen mögte – Jesus Christus – Mensch in Gethsemane und Mensch auf dem Throne des Himmels; der Versuchte in allen Dingen und Helfer aller derer, die versucht werden.«

Aus Aufzeichnungen für Unterweisungsstunden (Catéchisme) an Sonntagen im Jahre 1805, aus Predigtmanuskripten und aus Briefen erfahren wir einiges über Probleme, mit denen Oberlin damals beschäftigt war.

Da gibt es Schwierigkeiten mit der *Besoldung der Lehrer*[39]. Oberlin mahnt mit Bibelworten (Catéchisme vom 5. April 1805). Tobias 4, 15: »Wer dir arbeitet, dem gib alsbald seinen Lohn, und behalte niemand seinen verdienten Lohn vor.« Und Jakobusbrief 5, 4: »Siehe, der Arbeiter Lohn . . . der von euch vorenthalten wird, . . ., der schreit . . . vor den Ohren des Herrn Zebaoth.« – »Wie kann man Gott im Gebet nahen wollen und dem Nächsten sein Gut vorenthalten – man ist um so verwerflicher, weil ja diese Gabe auch als Zehnter zu werten ist, die sowieso Gott gehört.«

Doch die Schulen bereiten dem Pfarrer noch andere Sorgen. Er berichtet seinem Freund Blumhardt in Basel am 3. September 1804: ». . . da seit der Revolution die Bauern Herrn geworden und die Pfarrer ein armes Null, so hat dies, wenigstens bey uns im Steinthal einen betrübten Einfluß auf die Schuhlmeister und ihre Schuhlen. Beyde stehen unter dem Kommando von verheyrateten Bauern-Buben, die sichs zum Theil angelegen seyn lassen, zu zeigen, daß sie nun genädig-gebietende Herren sind. Daher kommts, daß sehr viele Kinder nicht mehr weit kommen, daß sie recht lesen lernen. Um nun zu einer bessern Applikation zu reitzen, hab ich in meinen Dörfern eine Art Kinderlehre am Sonntag Nachmittag angefangen, in welcher die Schühler die Sprüche selbst aufschlagen und lesen, welches aus Mangel an Bibeln, solange das Steinthal bewohnt ist, nie hat geschehen können . . .« Oberlin machte diese Ausführungen in Zusammenhang mit der Bitte um Bibeln. – Im Jahre 1813 wird Johann Lukas Legrand ins Steintal übersiedeln und Oberlin bei der weiteren Gestaltung des Schulwesens sehr behilflich sein.

In Berichten über Oberlins segensreiches Wirken wird mit Recht auf seine erfolgreichen Bemühungen um *Baumpflanzungen* hingewiesen. Auch hier mußte er Rückschläge erleben. So berichtete er am 29. April 1805 einem Amtsbruder in Straßburg[40]: »Meine Gemeinde ist im ganzen sehr arm, und einige Filialorte sind es sogar noch ganz besonders. Es könnte sich trotzdem ein Ausweg finden, wenn die Bürgermeister, wie es sich gehört, die Befehle des Staatsrats und Präfekten ausführen würden, daß Baumschulen und Pflanzungen angelegt würden . . . Aber leider geschieht hierin nichts oder fast nichts, was der Mühe wert wäre. Alles ist bis jetzt umsonst, auch Befehle, Ermutigungen, Bitten, allgemeine Instruktionen, oder Versprechungen, Androhungen, Beispiele . . .« – Solche Erfahrungen mußte Oberlin machen, nachdem er schon etwa 38 Jahre gewirkt hatte! –

Auch anderes bereitete ihm Not. In einer Unterweisung (Catéchisme) am 13. Januar 1805 sprach er über 1. Mose 25, 29–34 (Esau verkauft sein Erstgeburtsrecht) und sagte dabei unter anderem: »Wenn man nun zankt und streitet, wenn man vor Gericht geht, um das Seine an sich zu ziehen, verkauft man seine Gotteskindschaft, sein Erstgeburtsrecht, das man allen Völkern der Erde voraus hat. Wenn man sich sogar noch an Wundertäter wendet, die gestohlenen Dinge wieder herbeischaffen zu können, so ist dies noch schlimmer. Durch Hilfe der Dämonen können sie die gestohlenen Dinge vielleicht wieder herbeischaffen, aber zu welchem Preis, – denn Satan nimmt dadurch von solch einer Person Besitz.«

Am 10. Februar 1805 ermahnte er die *jungen Mädchen:* »Liebe Mädchen, kein gebildeter Mann wird es euch verübeln, wenn die Mehrzahl unter euch sich nach unserem Geschlecht hingezogen fühlt, denn er selbst ist es, unser Gott und Schöpfer, den wir ehren, der diesen Zug in euch eingepflanzt hat, wie umgekehrt auch, was das männliche Geschlecht betrifft. Nur dürft ihr nicht eure eigenen Feinde werden, und ihr dürft Gott nicht hindern, euch zu dem Glück zu führen, das er für euch bereitet hat . . . Reizet die jungen Männer nicht und suchet nicht, sie an euch zu ziehen. . . . Bemüht euch, . . . alle Arbeit zu lernen, die eine brave und gute Hausfrau und Familienmutter wissen muß. Wenn eure besondere Lage es vielleicht nicht erlaubt, alle nötigen Frauenarbeiten zu tun, tut sie dann am Sonntag zu dem Zweck,

Wohltaten üben zu können. Wenn ihr so handelt, wird euch Gott *den* Mann zuführen, den er für euch bestimmt und zubereitet hat, mit dem allein ihr den höchsten Grad ewiger Glückseligkeit, deren ihr fähig seid, erreichen könnt.«

Wie zu allen Zeiten, so wird Oberlin auch jetzt nicht müde, *vor Faulheit, Müßiggang, Zeitvergeudung zu warnen.* So in der Unterweisung am Sonntag, dem 27. Januar 1805: ». . . ein Verbrechen vor Gott ist es, nicht etwas Gutes zu arbeiten, um den Lebensunterhalt zu haben und um zum Lebensunterhalt anderer beizutragen. Was wird aber dann erst mit denen geschehen, die es noch wagen, sich zu vereinigen, um gemeinsam die Zeit totzuschlagen . . . Noch keine 38 Jahre bin ich unter euch und könnte doch schon eine Reihe von Häusern zeigen, die den Zeittotschlägern und Faulen zu Zusammenkünften dienten.« – Es ist für uns interessant zu hören, was sich in den Steintaldörfern alles abgespielt haben mag.

Auch in einer Beerdigungspredigt am 2. Januar 1805 warnte Oberlin vor dem Müßiggang: (J. G. Gagnière, Klagelieder Jer. 3, 33) »Deshalb, liebe Knaben und junge Menschen, die ich konfirmiert und vielleicht sogar schon getauft habe, nehmt einmal meine väterliche und liebevolle Ermahnung an, nicht mehr einen Augenblick nutzlos zu verlieren, sich immer mit einer guten und nützlichen Sache zu beschäftigen, immer nach guten Werken zu streben, Müßiggang und untätige Gemeinschaft zu fliehen; daß die Familienväter zu Hause bleiben, im Schoß der Familie, unter ihren Kindern, und daß sie sie unterhalten in einer angenehmen und nützlichen Weise in der nämlichen Zeit.« Dabei wandte sich Oberlin an seine Mitarbeiter, »die Herren Ältesten und Diakone«, sie sollten die Familienväter oft besuchen, nicht um sie zu kommandieren, nicht um ihnen Vorwürfe zu machen, ihm, dem Pfarrer (außer in schweren Fällen) nicht davon zu berichten, – sondern um Ratschläge zu geben, sie zu ermahnen, sie anzuregen, sie zu bitten, ihre Fehler, die sie beobachten, zu korrigieren und sie zu ermuntern, im Guten zu verharren.

Entscheidende Hilfe in persönlichen Nöten und bei (nach Oberlins Auffassung) lebenschädlichen Verhaltensweisen konnte das biblische Wort bringen; deshalb sollten alle Gemeindeglieder lesen können und deshalb mußten auch *Bibeln* vorhanden sein. In dem Brief vom 3. September 1804 bat er den »Herrn Kandidaten

Blumhardt«, seinen »lieben, gütigen Freund«, er sollte ihm in Basel 50 Biblen kaufen und zwar »roh« und sie seinem Sohn Heinrich nach Straßburg schicken, dieser würde sie dort binden lassen. Unzufrieden ist er mit dem zu kleinen Druck. »Ackersleute, und so viel ich weiß, alle, die harte Arbeit verrichten, alle, die der rauhen, harten Witterung viel ausgesetzet sind, verlieren frühe das scharfe Gesicht, oft schon nach dem 40. Jahr, und doch ist dies gewöhnlich das Alter, wo Trübsal sie lehret aufs Wort zu merken. Ihnen sodann von den reinen Biblen geben, ist nicht viel besser, als wann der Fuchs dem Storch gehackte Speise auf einer Platte vorsetzte. Was nützt dem armen Mann der wohlfeile Preis für ein ungenießbares Gut? Es ist doch wunderbar – eine ungeheure Menge von Büchern aller Art in gewöhnlicher leicht leserlicher Schrift – aber das Buch aller Bücher entweder so fein, daß eine Menge französischer Bauern auch mit der Brille nicht eine Vierthel-stunde drin fortlesen können – oder aber so groß, daß man sie kaum von einem Ort zum andern fortbringen kann.«

Aus dem Brief vom 17. Juni 1805 erfahren wir interessante Einzelheiten über die Bibelverbreitung im Steintal. »Nein, eine angenehmere und willkommenere Nachricht hätten Sie mir nicht geben können als daß der Druck der zu Paris angefangenen franz. Bibeln nun fortgesetzet und hoffentlich bald beendiget seyn wird. Ich verlangte aufs äußerste danach, und erkundigte mich bey aller Gelegenheit. Sehen Sie warum?: Unser kleines Steintälgen ist weit und breit das einzige franz. Evangelische Ländlein, und hat auch weit herum unter den Katholischen eine gute Reputation, um der guten Wege und verschiedener anderer Ursachen willen. Daher wurden die Nachbarn auf unsere Biblen aufmerksam, und eine beträchtliche Anzahl Biblen auf kam ohnerachtet des scharfen Verbots der Geistlichen unter die Leute. Da die Leute sie auf Befragen beichten mußten, wurden viele den Pfaffen ausgeliefert und von denselben verbrannt. Manche andere Bürger aber hatten die Dreistigkeit, ihren Geistlichen zu erklären, daß wann sie ihnen ihre Biblen nehmen und verbrennen, sie sogleich bey den Steinthälern eine andre kaufen würden. Andere kauften absichtlich keine, sondern entlehnten sie nur, damit der Pfaff ihnen, wann er sie entdeckte, wohl befehlen könnte, die zurück zu geben, aber sie nicht wegnehmen und verbrennen dürfte.

Vor der Revolution durfte ich den Römisch-Katholischen keine

Biblen unmittelbar verkaufen, noch verschenken, ohne mich und mein Amt und Pfarrey einer großen Gefahr auszusetzen; allein mittelbar geschah es desto mehr, ich verschenkte oder verkaufte sie einem meiner Pfarrkinder, und dieser gab sie sodann dem Römisch-Katholischen.

Da in der Franz. Revolution alle benachbarten kath. Pfarrer emigriert waren und die an ihre Plätze eingesetzten neuen Pfarrer von ihren Gemeinden nicht mit guten Augen angesehen wurden, bewarben sie sich um meine Freundschaft, weil sie dadurch hofften, desto eher auch die Freundschaft ihrer Gemeinden zu erwerben, und besuchten mich oft. Wir gingen gleichsam auf einen brüderlichen Fuß mit einander um, und ich wagte es, ihnen einem Jeden ein Neu Testament zu verehren; sie nahmen sie mit herzlichem Dank an, nachdem sie dieselben aber durchgegangen hatten, und sie nicht nach dem Grundtext, sondern nach ihrer elenden Vulgata hatten prüfen können, trauten sie nicht mehr, trugen sie auf einen Haufen, und verbrannten sie in der Stille. Ein einziges wurde durch einen ihrer Bürger gerettet, der es mir wieder zustellen ließ. Hernach kamen die emigriertgewesenen wieder zurück, und bekamen die Pfarreyen wieder, und seitdem verbreiteten sie so sehr die Behauptung, daß die Biblen der Evangelischen verfälscht sind, daß fast keine Nachfrage mehr darum ist, und ich je länger je mehr wahrnehmen muß, wie sehr das Zutrauen der Römisch-Katholischen Nachbarn gegen mich und die Meinigen geschwächt ist, weil alle Biblen, die ich ihnen verschafft und austeilen ließ, aus der Evangelischen Schweiz sind. Hieraus können Sie abnehmen, warum ich mit so großer Begierde auf die Vollendung der Pariser Biblen warte, dann nach hiesiger durchgängiger Meinung und fester Überzeugung sind alle Bücher, die von Paris kommen, Römisch-Katholischen Ursprungs, und das um so viel mehr, da ja der Papst so lange in Paris gewesen ist. Man kann aber auch aus dem Gesagten begreifen, warum dem Satan so viel daran gelegen war, den Druck dieser Pariser Biblen ins Stocken zu bringen . . .«

Auch in dem Brief vom 6. März 1806 geht es um die Bibeln: »Die 100 Exemplare Nürnberger Neues Testament habe ich empfangen, und sage für die gütige Besorgung derselben herzlichen Dank. Aber die französ. Pariser Biblen sind ohne Zweifel noch nicht gedruckt; sonst würden Sie mir derselben einen Theil gesendet haben . . . Sollten Sie noch keine Hoffnung haben, daß dies Werk bald zu Stand käme, so wollte ich indessen um etwan 1 oder 2 Dutzend französ. Basler Bibeln bitten, und um etwan ebenso viel Pariser Neue Testamente. Da ich viel mit franz. und Kathol. Adelichen oder sonst Vornehmen zu thun habe, zu denen mir der liebe Gott Eingang geschenket hat, so habe ich oft Gelegenheit, dergleichen etwas anzubringen – sogar habe ich schon franz. und teutsche Losungs-Büchlein unter ihnen angebracht, die mit vollem Dank und offenem Herzen empfangen wurden. Unter meinen eigenen Pfarrkindern sind aber auch noch viele, die nach Biblen verlangen. Allgemein aber seufzet man nach größerm, deutlicherm Druck.«

Wie sehr Oberlin sich mit seinem Verhältnis zu den Katholiken auseinandersetzte, zeigt auch sein Brief an die Predigerkonferenz zu Herrnhut vom 20. April 1806. Er berichtete, daß er alle vier Wochen deutsch predigte »um der Reformierten Melker willen, die weit und breit in den Wäldern auf den Höfen zerstreut wohnen. Zu dieser Predigt kommen sodann auch immer manche Römisch-Katholische.«

»Vor der Revolution hätte ich keine Römisch-Katholische Seele bei Verlust unserer Religions-Freyheit zu unserm heil. Abendmahl zulassen dürfen. Seit der Revolution aber stehe es Jedem frey, sich zu welcher Religion es ihm beliebet, zu bekennen. Ich nehme zwar keine Proselyten an, und ermahne Jeden in der ihm angebohrenen Religion ein Licht und Salz zu seyn. Aber wann ich das heil. Abendmahl verkündige, so lade ich einen Jeden, der sich mit dem Herrn Jesu zu vereinigen wünschet, dazu ein, ohne Unterschied der Religion, weil es nicht des seeligen Luthers Abendmahl ist, sondern des Herrn Jesu Seines. Da ist es nun gar nichts seltenes, daß von allen 3 Religionen sich dabei einfinden Lutherisch, Reformiert u. Römisch-Katholisch. (Lutherisch u. Reformiert oder Calvinisch sagte man hier nicht gern, sondern Evangelisch-Katholisch, Katholique Evangélique.) Auch sagt man nicht gern Protestant, weil diese Benennung bey den unwissenden Römischen der Grund eines schädlichen Mißverständnisses ist. Sie vermuthen nemlich, wir protestierten gegen die sämtlichen LehrSätze ihrer Religion, sogar gegen die wichtigsten und heiligsten.

Ich wurde vom Römisch Kathol. Unterpräfekt des franz. Distriktes, zu dem mein Wohn-Ort gehöret, gefragt: Ob wir auch an Gott glauben? – auch an den H. Jesus? – auch eine Auferstehung? etc. etc. Ich sagte ihm unter anderm, wann er unser GlaubensBekenntnis kennen wollte, sollte er das Neue Testament durchlesen, dies wäre es. – Seit dem liebet mich der Mann recht herzlich u. brüderlich, ob er schon meine Obrigkeit ist; dann er ist rechtschaffener u. von Herzen Gottfürchtender Römischer Katholik. Ein neues franz. Testament u. eine Sammlung von Sprüchen aus der ganzen heil. Schrift gezogen, nahm er mit Freude und Dank an.«

Diese Äußerungen Oberlins geben eine Erklärung dafür, warum er selbst sich in diesen Jahren »Evangelisch-Katholischer Pfarrer zu Waldbach im Steinthal« nannte. Dem katholischen Pfarrer zu Natzwiller schrieb er am 20. März 1805 u. a.: »Wer die Weisungen Jesu meditiert und in die Praxis umsetzt, der ist katholisch-evangelisch.«[41]

Am 3. August 1806 hielt Oberlin eine Predigt mit dem Thema *»Regen zur Unzeit«*. »Seit mehreren Jahren hat man Ursach, sich über die Unregelmäßigkeit des Regens zu beklagen. Bald regnet es viel zu viel, zu lang oder zu heftig, bald viel zu wenig. Geschieht das von ungefähr oder nach dem eigentlichen und bestimmten Willen Gottes? Der, ohne Dessen Wissen kein Haar von dem Haupte Seiner Kinder fallen kann, regieret Er auch den Regen und bestimmt Er die Menge Seiner Tropfen? Lasset uns sehen, was uns das Heilige Wort Gottes darüber lehret.«

Das Predigtmanuskript enthält folgende Bibelstellen: 3. Mose 26, 3f.; 5. Mose 11, 13f.; 5. Mose 28,1–14; 1. Sam. 12, 16–18; 1. Könige 8, 35f.; 2. Chron. 7, 12f.

Wir bringen als Beispiel nur 1. Könige 8, 35f.: »Wenn der Himmel verschlossen wird, daß es nicht regnet, weil sie an dir gesündigt haben, und sie beten dann zu dieser Stätte hin und bekennen deinen Namen und bekehren sich von ihren Sünden, weil du sie bedrängst, so wollest du hören im Himmel und vergeben die Sünde deiner Knechte und deines Volkes Israel, daß du ihnen den guten Weg weist, auf dem sie wandeln sollen, und regnen läßt auf das Land, das du deinem Volk zum Erbe gegeben hast.«

Wir wissen nicht, wie Oberlin diese Bibelworte in seine eigenen Erfahrungen hinein konkretisiert hat. Er kannte bestimmt das Jesuswort Matthäus 5, 45: Der Vater im Himmel »läßt seine Sonne aufgehen über die Bösen und über die Guten, und läßt regnen über Gerechte und Ungerechte«. Es geht in den Texten um den Glauben der alttestamentlichen Gemeinde, daß Regen, Unwetter und Trockenheit im Zusammenhang mit Gericht und Gnade des Schöpfergottes gesehen werden müssen. Wir werden keine beweisbaren und berechenbaren Zusammenhänge feststellen wollen, wir nähern uns jedoch den Glaubenserfahrungen Israels und gewiß auch Oberlins, wenn wir mit *dem* Gott rechnen, der »Wolken, Luft und Winden gibt Wege, Lauf und Bahn«, auch solchen Wolken, die uns mit gefährlichen Strahlen bedrohen können. Auch sie sind Inhalt unserer Gebetsgedanken im Bereich von Gericht und Gnade.

Zum Ernte- und Herbstfest am 23. November 1806 predigte Oberlin über Psalm 66, 4 f.: »Alles Land bete dich an und lobsinge dir, lobsinge deinem Namen. Kommt her und sehet an die Werke Gottes, der so wunderbar ist in seinem Tun an den Menschenkindern.«

Oberlin zitiert zu Beginn 3. Mose 26, 3 f.: »Werdet ihr in meinen Satzungen wandeln und meine Gebote halten und tun . . .«, geht dann aber hier nicht auf das Wirken des Schöpfergottes ein (». . . so will ich euch Regen geben zur rechten Zeit . . .«), sondern auf Gott, den Herrn der Geschichte: ». . . eure Feinde sollen nicht vor euch bestehen, euer Fünfe sollen hundert jagen . . .« Israel sollte das Salz der Erde sein, wenn es Gottes Gebote hielt. Doch es wurde auch wegen seines Ungehorsams geschlagen, zum Teil härter als andere Völker.

Solches gelte nun auch für die Christen. Oberlin wies auf geschichtliche und kirchengeschichtliche Ereignisse hin. Worin bestand für ihn das Wesentliche der Reformation? »Endlich erweckte Gott die vortrefflichen Werkzeuge, durch deren unermüdete Arbeit und Fleiß das heilige Wort Gottes wieder hervorgesucht und aus dem Hebräischen und Griechischen in die lebendigen Sprachen übersetzt worden ist. Dadurch bekam die gesamte Christenheit wieder eine ganz andere Gestalt, und man lernte wieder Gott im Geist und in der Wahrheit anbeten und Ihm nun nicht mehr durch Ceremonien, sondern durch einen heiligen Wandel und durch Werke der Liebe zu dienen.« – Aus einer solchen Erkenntnis erklärt sich Oberlins großer Eifer um die Verbreitung der Bibel.

In den weiteren Ausführungen ging Oberlin auf die *politische Situation* seiner Zeit ein, er hielt also eine politische Predigt und bemühte sich dabei, Napoleon und auch Friedrich II. gerecht zu werden, Oberlin als Christ.

»Jetzo schon die 15 Jahre ist immer Krieg, obwohl unser Kayser mit seiner erstaunenden Tapferkeit eine solche Grosmuth verbindet, daß mans unmöglich glauben sollte, daß noch ein einiger Fürst oder Monarch nicht wünschen sollte, ihn zum Freunde zu haben. Aber Gott findet es nothwendig, die Christen auf allen Seiten zu züchtigen, und daher ließ Ers geschehen, daß der sonst so kluge, so tugendhafte, und in so manchem Betreff vortrefliche König von Preußen, sich vom Russischen Kayser u. seiner eigenen Gemahlin u. einer Menge junger unerfahrener Offiziere gleichsam wider seine Willen verführen lies, unserm Kayser unüberlegte Gesetze vorzuschreiben, u. ihn herauszufordern.

Unser Kayser, seiner Überlegenheit und seines Sieges gewiß, um das Blut beyderseitiger Unterthanen zu schonen, schrieb einen rührenden Brief an den König von Preußen.

Hätte dieser König den Brief zu rechter Zeit erhalten, so wäre ohne Zweifel Friede gemacht u. der Krieg vermieden worden.

Aber Gott hatte den Krieg zur Züchtigung der schlechten Christen beschlossen; unsers Kaysers vortrefflicher Brief wurde durch einen unklugen Fürsten aufgehalten, u. dem König erst eingehändiget, als es zu spät war, u. die Schlacht schon angefangen hatte.

So werden nun mehrere Völker durch den Krieg gezüchtiget, indem an anderen Orten andere Plagen das nemliche thun müssen, als z. Beyspiel: Mißwachs, Hungers Noth, Wassers Noth, in Italien ein schreckliches Erd Beben u. die Verwüstungen durch den Vesuv u. im Kanton Schwyz der Berg Sturz u. so fort.«

So sah Oberlin das Wirken des Geschichts- und des Schöpfungsgottes! –

Wir beenden unseren Bericht über das Denken und Handeln Oberlins in der Zeit um seinen 65. Geburtstag herum mit der Erinnerung daran, daß »das Pensionat« auch damals seine Aufgabe als Erziehungs- und Bildungsstätte für junge Menschen erfüllte. Die Pensionärin Sophie Diemer aus Oberbronn hat im Jahre 1805 ein Tagebuch über ihre Erfahrungen geschrieben[42]. Es handelt sich dabei um keine tiefschürfenden Gedankengänge, sondern um schlichte Berichte eines jungen Mädchens über alltägliche Begebenheiten. So schreibt sie über Dienstag, den 11. Juni 1805:

»Den 22. Prairial schlugen Mons. Oberlin, Mlle Oberlin und Mme Kuntz einen Ausflug nach dem Sommerhof vor. Mlle Wappler und Salome Pfitzinger gingen am Abend vorher nach Belmont. Am Morgen fiel ein sanfter Regen, wir gingen trotzdem fort, nachdem wir um 5 Uhr aufgestanden waren und Brot und Wein genossen hatten. Frau Silbermann war mit ihrem Kind zu Pferd. In Belmont gab es frische Milch. Der Nebel zog vor uns her über die Berge und dem Walde zu. Ein Teil desselben glich einem Lustgarten, wo wir kurze Rast machten. Um 8 Uhr kamen wir auf dem Sommerhof an. Nachdem wir die Strümpfe, die ein wenig feucht geworden waren, gewärmt hatten, begannen die Spiele, bis das Essen fertig war. Es gab Milchsuppe, Kartoffeln und frische Butter. Nachher führte uns Frau Sommer auf die große Heubühne, denn es war zu windig geworden im Freien. Wir spielten ›Wo läuft die Scher?‹ und gingen dann in die Stube, wo wir Sprichwörterraten spielten. Mme Kuntz bereitete den Kaffee. Zuletzt machten wir uns zur Abreise fertig. Es drohte ein Regen zu kommen, doch gingen die Wolken vorüber. Wir sangen das Lied »Il pleut, il pleut, Bergère«. Danach stieg Mlle Oberlin auf ein Gebüsch und ahmte eine Vogelstimme nach, und diesem Beispiel folgten alle andern. Oberlin spielte den Kuckuck. Das ganze Lustwäldchen hallte wider vom Gesang der Vögel. Mons. Oberlin verteilte Bonbons für den Durst. Um 8 Uhr pünktlich kamen wir vergnügt nach Hause.«

Wo von Fräulein Oberlin die Rede ist, handelt es sich um die jüngste Tochter Frédérique-Bienvenue, die im Pensionat sehr verantwortlich mitarbeitete, bis sie am 25. März 1806 Pfarrer Philipp Louis Rauscher heiratete. Schon am 26. März 1804 hatte die Tochter Henriette Charité den Pfarrer Josua Graf geheiratet, der von 1818 bis 1824 Oberlin in seinem Amte half. – Auch diese Heiraten, wichtige Familienereignisse in diesen Jahren, sollten nicht unerwähnt bleiben.

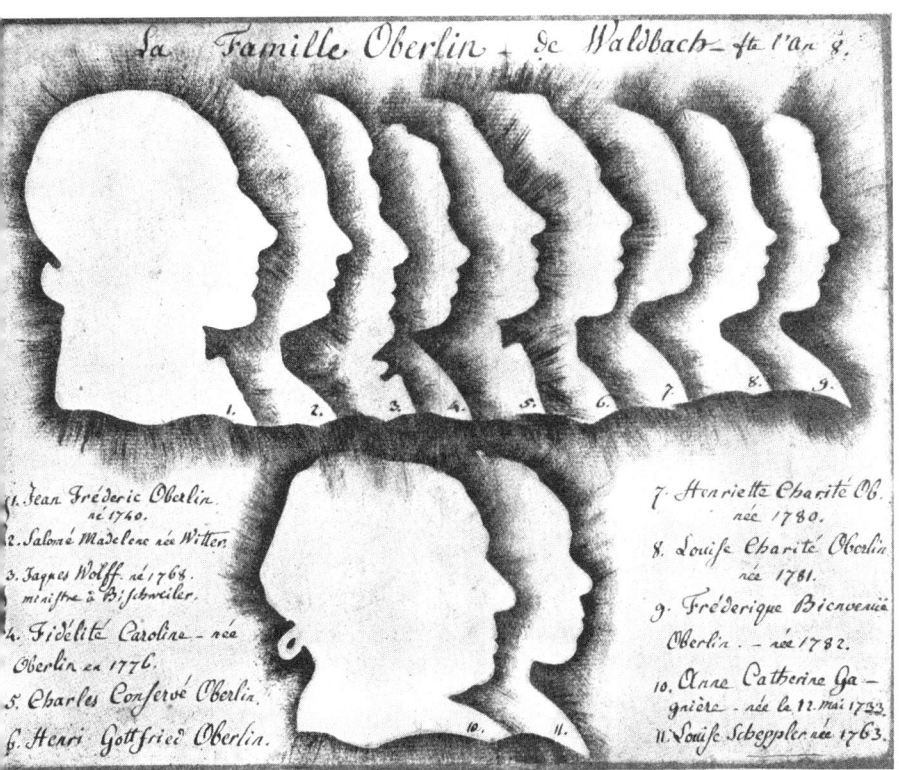

La Famille Oberlin _ de Waldbach _ fte l'an 8.

1. Jean Fréderic Oberlin.
né 1740.
2. Salomé Madelene née Witter.
3. Jaqnes Wolff né 1768.
ministre à Bischweiler.
4. Fidélité Caroline _ née
Oberlin en 1776.
5. Charles Conservé Oberlin.
6. Henri Gottfried Oberlin.

7. Henriette Charité Ob.
née 1780.
8. Louise Charité Oberlin
née 1781.
9. Fréderique Bienvenüe
Oberlin. _ née 1782.
10. Anne Catherine Ga-
gnière _ née le 12. mai 1733.
11. Louise Scheppler née 1763.

Die Familie Oberlin (zusammengestellt 1799/1800)

115

19 Vom Leben und Sterben des Sohnes Heinrich Gottfried[43]

Im Jahre 1817, dem Jahre, das der Oberlin-Biograph Stoeber so charakterisierte: »Teure Zeit und Hungersnot«, wurde die Familie von einem besonderen persönlichen Schicksalsschlag getroffen: der Sohn Heinrich Gottfried starb am 15. November im Alter von 39 Jahren. Vater Oberlin notierte in seinem Historischen Almanach: »18. November 1817 wurde mein Sohn Heinrich Gottfried begraben zu Urbach« (Fouday) »Welcher Tag! Welche Leiche! (Begräbnis) Beyde Pfarreyen u. eine Menge Röm. Katholische aus den umliegenden Ortschaften. Herr Pfr. Böckel hielt die Leichen Rede.«

Oberlin predigte am Sonntag, dem 16. November, über Johannes 5, 24: »Wahrlich, wahrlich, ich sage euch: Wer mein Wort hört und glaubet dem, der mich gesandt hat, der hat das ewige Leben und kommt nicht in das Gericht, sondern ist vom Tode zum Leben hindurchgedrungen.« Die letzten Worte des Sohnes hatten gelautet: »Vom Tod zum Leben!«

Hier einige Auszüge aus der Predigt, Worte, die auch heute ihre Gültigkeit haben:

»Vom Tod zum Leben, vom Tod zum Leben, sehet, das ist der Wahlspruch, das Feldgeschrei der Christen, das heißt aller, welche den Taufbund treu bewahrt haben, und aller derer, welche, wenn sie auch abgewichen waren, reuig zu ihrem Heiland zurückgekehrt sind, und den Bund mit ihm von ganzem Herzen erneuert haben. . . . – Ja, alle Dinge und Begebenheiten, traurige wie fröhliche, süße wie bittere, selbst die schweren Trübsale müssen denen zum Besten dienen, welche Gott lieben; zu ihrem wahren, ewigen Heil. . . . Aber indem die Leiden den Christen in den Himmelstugenden weiter fördern, führen sie ihn ungleich weiter in der Verähnlichung mit Gott, in der Wiederherstellung des göttlichen Ebenbildes in seinem Innern; höher hinan in die Regionen des Lichtes, näher zu der Wohnung Gottes, unseres Schöpfers und Vaters. . . . Vom Tod zum Leben. Wie verliert doch durch diese Hoffnung, wenn sie erst in uns fest stehet, der

Tod alle seine Schrecken! Gleich mit der Geburt treten wir in den Tod ein: – denn so hat unser Schöpfer und Vater unser jetziges Leben genannt, dieses arme Leben des Scheines, voller Dornen, Qualen und Tränen. . . . Aber wenn wir unsere Herzen der Stimme des göttlichen Hirten auftun, . . . welche hohe Veränderung geht dann in uns vor, wie werden wir dann aus Kindern der Welt zu Kindern Gottes. . . . O meine teuren Freunde! Wie ist doch der Blick auf ein solches Leben des Jenseits, auf das Land der seligen Ruhe so erquickend und einladend! . . .«

So tröstete Oberlin sich selbst und andere.

Daniel Ehrenfried Stoeber, dessen Mutter Oberlin als »Hofmeister« im Arzthaus Ziegenhagen zu Straßburg unterrichtet hatte, schrieb über seinen Freund Heinrich Gottfried: »Dieser würdige Sohn eines ehrwürdigen Vaters verdiente mit Recht eine ganze Biographie, so reich ist sein Leben an guten Werken.« Und an anderer Stelle schrieb er: »Man darf behaupten, daß die Lebensgeschichte von Heinirch Oberlin die Biographie seines berühmten Vaters im Auszuge ist.«

Dies mag auch die Begründung dafür sein, daß wir ein wenig vom Leben des Oberlin-Sohnes erzählen. Es handelt sich dabei um mehr als um ein Stück Familiengeschichte, es geht auch um allgemeine Zeit- und Gesellschaftsprobleme, – um den Lebensweg eines jungen Menschen in den aufwühlenden Zeiten der Französischen Revolution.

Heinrich Gottfried wurde am 11. Mai 1778 als sechstes Kind, als vierter Sohn in Straßburg geboren. Noch nicht fünf Jahre alt, verlor er seine Mutter. Louise Scheppler mußte einen guten Teil der Erziehungsaufgaben übernehmen. Er blieb ihr sein Leben lang dankbar verbunden.

Der Sohn wurde vom Vater unterrichtet, er besuchte die Dorfschule und dann mehrere Jahre das protestantische Gymnasium in Straßburg, in dem sein Großvater als Professor tätig gewesen war. Von seinem Vater hatte er das schlechte Gedächtnis geerbt, besuchte die Schule jedoch erfolgreich. Heinrich Gottfried, Ehrenfried Stoeber und ein Freund gründeten schon als Schüler das »Kleeblatt«, eine kleine literarische Gesellschaft.

Aus Mangel an finanziellen Mitteln (so beurteilten jedenfalls Verwandte die Situation), aber auch wegen der Unruhen der Revolutionszeit entschied sich der junge Oberlin für einen praktischen Beruf. Er begann mit einer Lehre als Drechsler, dann als Buchbinder. Noch im Jahre 1794 notierte der Vater Oberlin, daß seine Söhne Carl und Heinrich in Waldersbach bei Theophil Kurz eine Lehre als Glaser begannen.

Heinrich mußte sich vom »Kleeblatt« in Straßburg trennen. Wie er sich mit dieser Situation auseinandersetzte, zeigt ein Brief, den er am 19. April 1794 an seinen Freund Stoeber schrieb: »Es freut mich recht sehr, in Dir noch den teilnehmenden Freund zu erkennen, freilich wäre es mir lieb gewesen, mit Euch ein glückliches Kleeblatt zu bilden, aber eitel waren Deine und meine Hoffnung und Ansichten; doch tröste ich mich mit dem: Wäre es der Wille Gottes gewesen, dann gewiß wären unsere Wünsche eingetroffen; diese sind aber nicht befriedigt worden, und so erkenne ich daraus, daß es nicht der Wille Gottes war; wie könnte es mich freuen, was wider Gottes Ratschluß zu handeln? Die Liebe aber gegen einander soll auch nicht einmal mit dem Tode aufhören.« – So schrieb der Sechzehnjährige in deutscher Sprache.

Der Vater ermöglichte dem Sohn das Studium – und auch dieser legte Wert darauf. Wie schwierig das Studieren in den Revolutionszeiten war, ersehen wir daraus, daß die Universität Straßburg am 15. September 1793 »aufgehoben« wurde. Seit dem 4. Dezember 1794 existierte die »Ecole de Santé«, eine Gesundheitsschule. Heinrich Gottfried studierte Medizin und Naturwissenschaften.

Am 18. Januar 1798 schrieb Vater Oberlin seinem Sohn in dessen »Poesiealbum«:

»?Wie wird ein Jüngling seinen Weg unsträflich gehen?
Antwort: Wann er sich an Dein liebes Göttliches Wort hält. Psalm 119, 9

Symb. Was ich wünsche, stirbt nicht.
            Non est mortale, quod opto.
Meinem lieben Sohn Heinrich Gottfried zur Erinnerung
            von seinem Papa
            J. Friedr. Oberlin Pf.

WaldBach im Steinthal den 29 Nivose VII
oder den 18. Jenner, als am SterbensTag seiner lieben Mamma, anno 1783 starb sie, u. nun anno 1798 schreib ich dieses.«

Vom September 1798 bis zum Februar 1800 war Heinrich

Gottfried Soldat in der für die Schweiz bestimmten Okkupations-armee Massénas, zuerst als gewöhnlicher Soldat, dann als Fourier-Stellvertreter, als »Elève chirurgien« und schließlich als »Officier de santé« (Arzt niederen Grades) in Basel. Nach einer Erkrankung wurde er am 1. März 1800 von seinem Bruder Carl Conservé und seinem Freund Daniel Ehrenfried Stoeber nach Hause geholt. Er wurde vom Militärdienst befreit und konnte sich (wohl ab Oktober 1801) seinen medizinischen und theologischen Studien widmen – er soll auch an einem Gymnasium unterrichtet haben.

Während seines Aufenthalts in Basel hatte er einige Male Lavater in Zürich besuchen können. Dieser widmete ihm am 15. November 1799 folgende Verse:

»Dich, Nathanaels Sohn, Nathanael Oberlin schützet, Wo Du immer seist und welches Dein Amt sei, des Herrn Hand; Jeden Gottsucher bewacht ein himmlisches Heer stets, Und im Menschengedränge verläßt ihn das Auge des Herrn nie, . . .«

Am 11. Januar 1800 war Heinrich Gottfried schwer erkrankt und von der befreundeten Familie Philipp und Ursula Staehelin-Reber liebevoll gepflegt worden. Vor seinem Abschied am 1. März schrieb er in das »Stammbuch« von Frau Ursula »Liebe Mama! Mein Herz mögte ganz sich ausgießen; doch gut, Sie kennen es, Liebe . . . Ja, liebe Mama, nicht das leibliche Leben und die Gesundheit allein halfen Sie mir wieder zu geben, aber auch noch zum Geistlichen halfen Sie, zu Jesus lenkten Sie meine Schritte und gaben Ruhe mir. O Theure, Sie in Gottes Hand vollendeten die Entwicklung des Plans, den Gott sich bei meiner Conskriptions-Pilgerschaft vorgenommen . . . Ich kann mich nicht von Ihnen abziehen; das Herz des Kindes ist bey der Mama; doch Jesus soll mein Herz erfüllen! Beten Sie für mich!«

So gefühlvoll schreibt der noch nicht 22jährige junge Mann, er, der schon sehr früh seine Mutter verloren hat. Einen weiteren Einblick in seine innere Verfassung gewinnen wir aus einem Brief, den er am 28. April 1800 an seinen Freund Stoeber schrieb. Er hatte im Pensionat zu Waldersbach mitgearbeitet und eine tiefe Neigung zu einem jungen Mädchen, das seine Empfindungen erwiderte, gefunden. Doch eine eheliche Verbindung war wegen seines Gesundheitszustandes und wohl auch wegen der beruflichen Unsicherheit unmöglich. Er schrieb:

»Mein lieber Ehrenfried! Ist Deine Seele unruhig? Ich hoffe

doch nicht, ich werde Dir keine solche Fragen mehr stellen. Es ist besser, sich diesbezüglich ganz in Gottes Willen zu fügen, – diese Erfahrung habe ich gemacht. Immer, wenn ich die innere Ruhe bei Menschen suchen wollte, wurde meine Unruhe nur noch größer. Sie gaben mir nur immer ihre Wichtigkeit zu spüren, aber den Kummer, der auf mir lag, konnten sie mir nicht nehmen. Ich wurde nur desto mehr eine Beute meiner Schmerzen. Alles macht mir zur Zeit nur Angst: Sorge um meine Nahrung, Sorge umd den Erfolg meiner Studien, Sorge um den zu ergreifenden Beruf. Was mich jedoch immer am meisten umtrieb, ist, daß ich mich so sehr an Menschen hänge. Ich konnte erst nach einem langen und heißen Gebet ruhig werden. Dann endlich fand ich Kraft genug, wie Abraham den Isaak zum Opfer zu bringen. Ich sagte zu ihm: O mein Gott, nimm diese mir so teure Person, ich lege sie dir hin, mache aus ihr ein Kind Gottes.« (Übersetzung)

Bezeichnend für seinen Seelenzustand ist ein Brief an »Mama Staehelin« vom 7. Juni 1801:

»Ich gewöhne mich ziemlich, demüthig als wieder umzukehren zu meinem lieben Heiland, wann ich gefehlet habe, um neuerdings um Erbarmen, Schonung, Hülfe zu flehen; denn sonst blieb mir nichts anders übrig als die Verzweiflung.«

Am 14. Februar 1802 schrieb er ihr u. a.: »Wie gern wollte ich Ihnen recht viel schreiben, liebe Mama; ich weiß aber gar nicht, wie mir ist, seit ich hier bin; ich habe gar kein geistlich Leben mehr, nichts fast macht einen Eindruck mehr auf mich; das Herz ist leer, und also der Mund stumm . . .«

Am 4. März antwortete sie ihm: »Diese Ihre Herzens-Laage, welche Sie mir schildern, macht mir nicht bange für Sie; denken Sie ihr nur nicht viel nach und versuchen Sie nicht, sich in eine andere hineinzuzwingen, es geht doch nicht. Nein, verhalten Sie sich ganz leidend dabey; es wird schon unvermuthet Etwas kommen, welches Sie aus dem trokenen Einerley herausheben wird, und dann werden Sie einsehen lernen, warum Jesus es zulies, daß Sie einige Zeit darin waren.« – Eine gewiß hilfreiche Seelsorge.

Heinrich Gottfried hatte vom 19. Dezember 1801 bis zum 8. Januar 1802 eine Reise nach Herrnhut, Colmar (wo er Pfeffel besuchte) und nach Neuwied gemacht, also Kontakte zur Brüdergemeine gepflegt. Er studierte weiterhin außer Theologie vor allem Medizin, dazu Geognostik und Ökonomik. Im Jahre 1805 konnte er zum Doktor der Medizin promovieren. Seine These enthielt viel Interessantes über die Bemühungen Oberlins um die Besserung der Gesundheitsverhältnisse im Steintal.

Nach der Promotion konnte er sich ganz seinen theologischen Studien widmen. Nach Abschluß des Studiums reiste er am 19. Juli 1810 nach Riga, wo er im Hause des russischen Obersten Georg Leo von Richter Hauslehrer wurde. Diese Stelle wurde durch seine Schwester Henriette Charité, die mit ihrem Gatten Pfarrer Josua Graf von 1804 bis 1818 in Rußland weilte, oder durch *Frau von Krüdener* vermittelt, die seit dem Jahre 1808 einige Zeit in Karlsruhe lebte und gute Kontakte zur Familie Oberlin pflegte. Heinrich Gottfried ist ihr während seines Aufenthalts in Riga oft begegnet. In der elsäßischen Kirche herrschte damals der Rationalismus, ein Verstandeschristentum, das sich auf seine Weise mit der Kirchenfeindlichkeit der Französischen Revolution auseinandersetzte. So ist es verständlich, daß der Gemütsmensch Heinrich Gottfried, »der Sohn seines Vaters«, für das enthusiastische Christentum der Baronin von Krüdener offen war. Sie hatte sogar auf den russischen Zaren Alexander einen tiefen Eindruck gemacht und ihn beeinflußt, eine Allianz aller christlichen Staaten zu schaffen.

Als Heinrich Gottfried im Jahre 1813 in die Heimat zurückgekehrt war (am 5. Dez. 1813 notierte Vater Oberlin in seinem Fränk. Republik. Kalender: »ist mein Sohn Heinrich Gottfried unversehens obschon seit dem May Monat erwartet, aus Rußland wieder zurückgekommen nach einer Abwesenheit von 3 Jahren . . . Monat), schilderte sein Freund Daniel Ehrenfried Stoeber den Eindruck, den er von ihm gewann, so: »Er kam durch Straßburg, wo er mich aufsuchte und mich sein mysteriöser Charakter befremdete, ja fast erschreckte.«

Während seiner Tätigkeit als Hauslehrer hatte Heinrich Gottfried im März 1813 eine theologische Arbeit erscheinen lassen: »Etliche Worte über die Offenbarung Johannis . . . Meinem geliebtesten Vater Johann Friedrich Oberlin, Pfarrer im Steintal, im Wasgau, als Zeichen der tiefsten Verehrung und kindlichsten Dankbarkeit gewidmet von Heinrich Gottfried Oberlin.«

Vater Oberlin klebte in sein Exemplar ein Blatt mit folgendem Inhalt: »In diesem unansehnlichen Büchlein sind Schätze verborgen für den beharrlichen Forscher nach Wahrheit, für den wahren Philosophen. Aber beym ersten DurchLesen halte man sich nicht viel auf mit dem aufschlagen der ungeheuren Menge der angeführten Schriftstellen.«

Heinrich Gottfried wurde Vikar bei seinem Vater. Am 16. Juni 1814 erhielt er in Straßburg die feierliche Ordination. Sein Freund Stoeber schreibt in seiner Oberlin-Biographie über ihn: »Er unterstützt seinen Vater bei seinen geistlichen Funktionen mit jenem Eifer und mit jener skrupulösen Gewissenhaftigkeit, die ihn keinen Augenblick seines Lebens verließen und die ihn öfters bewogen, weit über seine Kräfte zu tun. . . . Seine Predigten, seine Schul- und Familienbesuche, seine Ermahnungen und seine Gebete, sowie die Zusammenkünfte zur Erbauung und zur Ausbreitung der heiligen Schrift nahmen all' seine Zeit in Anspruch.«

Heinrich Gottfried hatte schon im Jahre 1812 Johann Lukas Legrand in St. Morand besucht und diesen durch die lebhafte Schilderung der Situation im Steintal veranlaßt in den Jahren 1813 und 1814 mit der Seidenbandfabrikation und seiner Familie nach Fouday überzusiedeln (siehe S. 84).

Im Jahre 1815 sollte Heinrich Gottfried das Amt des Inspektors der Basler Missionsgesellschaft übernehmen, doch schließlich wurde Christian Gottlieb Blumhardt dazu berufen.

Im Jahre darauf unternahm der junge Oberlin eine sehr anstrengende Reise nach Südfrankreich, um dort Bibeln zu verbreiten und Zentralen für die weitere Verbreitung zu gründen. Er hatte auch Pläne für eine Evangelisation Frankreichs entworfen. Von dieser Reise kehrte er sehr krank zurück.

Im Jahre 1817 brach im Steintaldorf Wildersbach eine heftige Feuersbrunst aus. Trotz seines geschwächten Gesundheitszustandes setzte sich Heinrich Gottfried mit all seinen Kräften, ja darüber hinaus, helfend ein. Im Sommer schrieb er an Spittler nach Basel: »Ich kann kaum athmen, vor Schwäche und Übelsein . . . Adieu, adieu, mein Lieber; ich muß mich aufs Ruhbett legen; je n'en puis plus!«

Der Kranke siedelte nach Rothau über, um sich von seinem Bruder Carl Conservé, der dort als Pfarrer und Arzt wirkte, pflegen zu lassen.

In einem Bericht über die letzten Tage Heinrich Gottfrieds ist zu lesen: »Als es dem Tod entgegenging, wünschte der Kranke, im heimatlichen Pfarrhaus zu Waldbach sterben zu dürfen. Die Bitte wurde ihm gewährt, aber konnte nur mit größten Schwierigkeiten erfüllt werden: die Kutsche der Familie Legrand, wahrscheinlich eine Basler ›Chaise‹, wurde dazu benötigt, ferner vier Ochsen und zwei Pferde; Die Bürgermeister und die Lehrer des Steintals räumten die Steine aus dem Weg und suchten dem Wagen jegliche Erschütterung zu ersparen; in seinem Innern aber umhegten die Schwägerin aus Rothau und Vater Oberlins treue Mitarbeiterin Louise Scheppler den Patienten; fünf Stunden soll diese Überführung auf einem Weg von etwa acht Kilometern in Anspruch genommen haben.«

Vier Tage später, am 15. November 1817, starb der Oberlinsohn Heinrich Gottfried.

Sein Vater war in seiner letzten Stunde bei ihm und berichtete: »Mein Sohn Heinrich Gottfried sagte oft inmitten seiner Körperqual (denn er behielt den vollen und hellen Gebrauch seiner Geisteskräfte bis zum letzten Augenblick seines Daseins) und unter dem Drange herber, langwieriger Leiden: ›O Erbarmen! Erbarmen! O Gott! hast du denn aufgehört, barmherzig zu sein? O es ist eine schwere, schwere, schwere Sache zu sterben!‹ Eine halbe oder eine Viertelstunde, ehe er den Geist aufgab, war der Ausdruck seiner Miene weniger schmerzhaft und er sagte (obgleich mit bedeutender Anstrengung): ›Nun, ein wenig Ruhe – ein wenig Trost – ein wenig Freude.‹ Denn oft hatte er wiederholt: ›Vom Tod zum Leben – vom Tod zum Leben!‹«

Louise Schleppler schrieb zwei Wochen später an Frau Wägelin, eine Freundin der Familie Oberlin:

»Der Theure Verstorbene! O welch' große Leere hat er uns hinterlassen, und doch können wir andrerseits dem Herrn nicht genug dafür danken, daß er unsre Thränen beachtet und ihn von seinen bittern Leiden befreit hat; ich wünschte, meine Liebe! daß Sie ihn gesehen hätten; man kann sich keinen Begriff von seinen Leiden machen; sein Körper war ganz ausgetrocknet, aber jetzt wird er den Herrn bereits dafür preisen . . . Er ist glücklich, wir haben Kunde davon . . .«

20 Weitere Erfahrungen und Ereignisse nach dem Jahre 1805

Am 31. August 1810 feierte Oberlin seinen *70. Geburtstag.* Die Gemeinde feierte mit, die Jugend tat es auf ihre Weise: sie beschenkte ihren Pfarrer mit Blumen und Kränzen. Und er bedankte sich auf *seine* Weise, – er schrieb am 16. September einen Brief[44]:

»Meine theuren Schüler!
Ich bin Euch von Herzen erkenntlich für die Ehre, die Ihr mir zudachtet, als Ihr mir zur Feier meines siebenzigsten Geburtstages am letztvergangenen 31. August so schöne Blumengirlanden zum Geschenk machtet. Habt Ihr aber wohl auch bedacht, daß eine Ehre, von der man weiß, daß man sie nicht verdient habe, einen nur demüthigen müsse? Wenn meine geringen Dienste für Euch von einigem Nutzen waren, so gebührt die Ehre dafür einzig und allein Gott. . . .
Diese Blumen werden bald verwelken, aber der Eindruck, den sie auf mein Herz machten, wird nie vergehen, und es ist mein ernstliches Gebet, daß doch Ihr alle möchtet zu unverwelklichen Blumen werden im Paradies meines Gottes. . . . Aber ich habe noch einen Wunsch, einen Wunsch, der, so alt ich auch an Jahren bin, im meinem Herzen immer jung und frisch bleibt, einen Wunsch, der mir ohne Aufhören im Sinne liegt und all meine Gedanken beherrscht. Das ist: daß meine Gemeinde ein feierliches Fest vor Gott begehen möchte, das Fest einer *allgemeinen Schenkung,* an welcher alle Einzelnen ohne Unterschied nach Kräften theilnehmen sollen. Eine Schenkung des Herzens, zur Ehre und zum Andenken dessen und im Glauben an ihn, welcher für uns in Gethsemane blutigen Schweiß vergossen hat, für uns sich schlagen, geißeln, verspeien, mit Dornen krönen und an das Kreuz nageln ließ, damit er uns den Himmel wieder erwerbe, den wir durch unsere Sünden verloren hatten. Dies ist das Geschenk, von welchem ich so von Herzen wünsche, daß alle Seelen in meiner Gemeinde vereinigt es darbringen möchten: sich selber

gen und übergeben dem Herrn Jesu; ein Jeder, so wie er eben ist, mit allen seinen Fehlern und Sünden, damit er in Ihm finde Vergebung, Gerechtigkeit, Heiligung und Erlösung.

Euer Euch herzlich liebender Papa
J. F. Oberlin.«

Wie sehr Oberlins Wirken weit über die Grenzen seiner Gemeinde anerkannt wurde, zeigen mancherlei *Ehrungen*. Schon während der Revolutionszeit, kaum aus der Haft entlassen, am 2. September 1794, wurde er gemeinsam mit Stuber im Nationalkonvent wegen seines Bürgersinns lobend erwähnt: Sie haben es unternommen, »die guten Bewohner dieses Tales das Französische zu lehren«. »Sie haben den jungen Leuten des Steintals die Elemente der Physik, der Astronomie, der Botanik, der Musik und vieler anderen für die menschliche Gesellschaft nützlichen Kenntnisse beigebracht[45].«

Am 5. März 1818 erhielt Oberlin die goldene Medaille der Königlichen landwirtschaftlichen Gesellschaft in Paris. Diese Auszeichnung wurde den Freunden des Landbaus und den Wohltätern der Menschheit bewilligt[46].

Am 1. September 1819 wurde Oberlin durch eine Ordonanz des Königs Ludwig XVIII zum *Ritter des Königlichen Ordens der Ehrenlegion* ernannt[47]. In dem offiziellen Schreiben wird lobend erwähnt, »daß Herr Oberlin seit 53 Jahren Pfarrer von Waldbach (Vogesen), unermüdet an der Verbesserung der Lage seiner Pfarrkinder arbeitet; daß man seinem Eifer und seiner Einsicht die Errichtung von Primärschulen in dieser Gemeinde verdankt, daß er sich um mehrere Zweige der Industrie verdient gemacht, die Landwirtschaft bedeutend befördert und die Landstraßen sehr verbessert hat, kurz, daß diese sonst fast unfruchtbare Gegend seinem aufgeklärten Sinn ihren gegenwärtigen glücklichen und blühenden Zustand verdankt; . . .«

Am 10. Januar 1825 wurde der Steintalpfarrer zum »Mitglied der Aufmunterungsgesellschaft des Vogesen-Departements in der Ackerbau-Sektion« ernannt: eine Anerkennung wegen der Beförderung des Ackerbaus, der Industrie, der Altertümer, der Wissenschaft und der schönen Künste.

Auch *Besuche* bedeutender Persönlichkeiten sind ein Zeichen von der großen Verehrung, die der Landpfarrer genoß. So waren

z. B. Frau von Krüdener und Jung-Stilling Gäste der Pfarrhauses.

Über die Baronin Barbara Julie von Krüdener schrieb ein Oberlin-Biograph[48]: »Sie kam ins Steintal, um ihr Herz in das dieses alten Dieners Christi auszuschütten und ihren Glauben bei ihm zu stärken.« Sie gehörte zu den interessanten Persönlichkeiten der damaligen Zeit, – es sei an dieser Stelle nur erwähnt, daß sie eine kurze Zeit am Leben der Brüdergemeine in Herrnhut teilgenommen hatte.

Johann Heinrich Jung, genannt *Jung-Stilling* (1740–1817), bekannt als Augenarzt, besonders für Staroperationen, und als freier Schriftsteller (er schrieb u. a. eine Autobiographie seiner Jugend und mystisch-pietistische Bücher) fand in Oberlin einen Gesprächspartner, insbesondere in den Fragen des Jenseits.

Im Jahre 1812 besuchte *Baron von Lezay-Marnésia,* der Präfekt des Departments Bas-Rhin, Oberlin. Der vertrauensvolle Kontakt, den beide Männer pflegten, sollte sich für das ganze Steintal segensreich auswirken. Seit dem Jahre 1791 wurde zwischen dem Besitzer des Steintals und den Gemeinden ein *Prozeß* wegen der *Nutzung des Waldes* geführt, ein Prozeß, der viel Verdruß einbrachte und viel Geld kostete. Die Bauern meinten, auf Grund eines Naturrechts Anteil am Wald zu haben. Oberlin schrieb an seine Schlafzimmertür: »O Gott, erbarme dich des Steintals und mache dem Prozeß ein Ende!« Am 21. Juni 1813 konnte er in seinem Almanach notieren, daß durch die liebevolle und unermüdliche Mühe des Barons von Lezay-Marnésia der langjährige Prozeß zu Ende gegangen war. – Die Steintäler erhielten ein Drittel des Waldes zur Nutzung. Oberlin war sehr dankbar.

Zu den ehrenden Besuchern gehörten auch *Künstler.* Im Jahre 1821 kam Professor Herrenschneider, Stubers Schwiegersohn und Oberlins Freund, mit dem Bildhauer *Landolin Ohmacht* nach Waldersbach[49]. Ohmacht hatte die Absicht, »den geistigen Vater des Steintals kennenzulernen und dessen Züge in einem würdigen Bilde wiederzugeben«. Oberlin soll sich in seiner Bescheidenheit zuerst dagegen gewehrt haben, ließ sich aber schließlich überreden, so daß der Künstler sein Profil aus einer Alabasterscheibe herausarbeiten konnte. Es wird erzählt, daß Louise Scheppler dem Hausherrn eine Perücke aufsetzen wollte, doch der Künstler wollte »diesen herrlichen, charaktervollen Kopf nicht durch fremdes Beiwerk verunstaltet sehen«. Das Werk Ohmachts ist noch

Profilbild nach einer Bleistiftzeichnung von E. J. Delécluze (1822)

heute in dem Oberlin-Monument in der Kirche zu Waldersbach zu sehen.

Im Jahre 1822 besuchte der Pariser Maler *Etienne Jean Delécluze* Waldersbach, um Oberlin kennenzulernen. Frau Claire Richardot übermittelt uns Teile aus seinem Bericht über diesen Besuch. Der Künstler wurde von Louise Scheppler in das »Büro der Naturwissenschaften« im Pfarrhaus geführt. »Ich blieb etwa zehn Minuten allein. Zwei mit Butzenscheiben versehene Fenster lassen das Licht in dieses Zimmer, dessen Wände mit Regalen voller Bücher bedeckt sind. Mehrere gemalte Porträts hängen dort. . . . Ein Arbeitstisch steht an jedem Fenster, und auf einem Möbel, das am Fensterpfeiler zwischen den beiden steht, liegen zwei Totenköpfe . . . auf jedem sind Kreise und Nummern befestigt . . . die in Verbindung mit Galls-System stehen[50]. Zwischen zwei Bibliotheken erkannte ich den Kasten mit den falschen Steinen verschiedener Farben. – Während ich damit beschäftigt war, alles in Augenschein zu nehmen, ging die Tür auf und ein kleiner Greis mit lustigem Gesicht und lebhaftem Auftreten kam auf mich zu. Er trug eine Perücke wie jene, die Jean-Jacques Rousseau trug, einen braunen Anzug mit Aufschlägen, zugeknöpft, das Abzeichen der Ehrenlegion. Mit seinem engen Kragen, seinen Lederstumpfhaltern sah er aus wie einer dieser alten Offiziere von Fontenoy, die noch vor einigen Jahren in den ›Invalides‹ waren.« Die Begrüßung war herzlich. Oberlin zeigte seinem Gast ein Blatt »Die Bleibstätten der Toten«. Dann schenkte er Delécluze, dem Katholiken, ein Neues Testament mit der Bemerkung: »Wir sind alle Kinder des gleichen Vaters, wir sind alle Brüder, und ich umarme meinen.« Der Gast wurde zum Mittagessen eingeladen und berichtete: »Als ich nacheinander von allen Gerichten, die mir angeboten wurden, genommen hatte, bemerkte ich, daß sich auf meinem Zinnteller Rindfleisch, Kohl, gekochte Birnen und Salat häuften. Ich aß diese alles zusammen, und dieser Gemüsesalat schmeckte nicht schlecht.« Der Künstler darf eine Bleistiftskizze anfertigen, nachdem Oberlin schon vor dem Mittagessen die Perücke gegen eine Baumwollmütze eingetauscht hatte. Oberlins Sohn, der in Rothau Pfarrer war, erhielt eine Kopie von der Profilzeichnung, die dann als Vorlage für Vervielfältigungen diente.

1808 Obsternte im Steintal. September

Dieses Jahr zeigte mir der liebe Gott etwas, was ich in den 41 Jahren meines hiesigen Aufenthaltes niemalen gesehen habe. Ich glaubte immer nach so vielfältiger Erfahrung, daß das hiesige Land untüchtig wäre, etwas hinlänglich Obst hervorzubringen, und wollte nicht mehr auf die Menge der Blüten im Frühling schauen.

Aber diesmal hängen alle Bäume so voll, so schwer beladen, daß es nicht möglich ist, sie genugsam zu unterstützen, alle Aeste hängen gegen die Erde. Täglich teilen wir allen Leuten, die von Belmont und La Hutte zu uns kommen, und allen andern, die daran Mangel haben, vieles aus, und noch lange können wir so fortfahren, und Gott zeigt, daß, wann ihm die hiesigen Einwohner durch ihren Gehorsam die Freiheit dazu ließen, daß er auch hier an Obst segnen kann.

Nun sei noch über einige *weitere Ereignisse und Erlebnisse* berichtet, die Oberlin für so wichtig hielt, daß er sie in seinem »Historischen Almanach«, seiner »Chronologischen Tabelle von Ereignissen, die mich interessieren« oder anderswo (wie in einem Kalender) notierte, weil sie für sein Leben bedeutsam waren.

Im Oktober 1808 wurde sein Sohn Carl-Conservé Pfarrer im Nachbarort Rothau. Am 15. Mai des Jahres 1809 starb seine Tochter Fidélité-Caroline, Frau des Pfarrers Wolf, der in Mittelbergheim tätig war, im Alter von 33 Jahren und 8 Monaten. Vom Jahre 1818 bis 1824 half der Schwiegersohn Pfarrer Josua Graf Oberlin in seinem Amt. Am 18. November 1825 wurde der Schwiegersohn Philipp Louis Rauscher offiziell als Pfarrer in Waldersbach eingeführt. Über das Sterben des Sohnes Heinrich Gottfried im Jahre 1817 haben wir schon berichtet.

Im Jahre 1810 brach im Filialort Belmont ein Feuer aus, das zehn Häuser vernichtete. Oberlin erbat und erhielt Hilfe von Freunden – nach einem Jahr waren die Häuser wieder aufgebaut.

Zum 17. Oktober 1811 notierte Oberlin: »Heute hat uns der gnädige Gott vor einem großen Unglück bewahrt, nemlich Abends fiel der Holzstos mit großem Gerassel zusammen, wo nicht lange vorher drei junge Kostgängerinnen gesessen waren mit Arbeit.«

Sehr eindrucksvoll berichtet der Oberlin-Biograph Stoeber über die *Hungersnot im Jahre 1817*[51]: »Nach einem zweifachen Feindeseinfall vollendete der gänzliche Mangel den Ruin der östlichen Departements: die Qual der Hungersnot machte sich besonders in den Dörfern und Weilern des Steinthals fühlbar. Schon im Frühling und Sommer des Jahres 1816 war die Noth sehr groß; mehrere Familien nährten sich nur noch von wildwachsenden Kräutern und etwas schwarzem Brod, was die mildthätige Bevölkerung jedoch nicht verhinderte, eine Sammlung für die benachbarte Gemeinde Ranrupt zu veranstalten, deren Markung vom Hagel verheert worden war. Aber als der Winter herbeikam, als die wild wachsenden Kräuter fehlten, der Preis der Lebensmittel rasch stieg, und dagegen der Preis des Arbeitslohns für das Baumwollspinnen bedeutend herabgedrückt wurde, da wuchs das Elend über alle Maßen. Man sah nur noch blasse Gesichter und abgezehrte Körper sich mühselig einherschleppen. Oberlin machte in öffentlichen Blättern den traurigen Zustand, in dem sich das Steinthal befand, bekannt und siehe da, Beiträge an Geld, an Lebensmitteln und Saatkörner floßen von allen Seiten herbei.«

Johann Friedrich Oberlin wurde fast 86 Jahre alt, er mußte jedoch manche *Krankheit* durchleiden – die notvollste war wohl die vom Jahre 1811. Es handelte sich um einen Schlaganfall mit »schmerzhaftem Harnzwang«. Er berichtete darüber in einem Brief an die Predigerkonferenz zu Herrnhut:

»Herzlich geliebte Brüder!

Durch die Gnade unsers lieben Herrn bin ich noch hier, von einer plötzlichen, aber kurzen tödlichen Krankheit zurückgekommen. Vor etwan zehn Jahren wurde mir von innen her zu verstehen gegeben, daß ich noch zehen Jahre leben könnte. Ich schrieb damahlen in mein Tagebuch, worein ich seit vielen Jahren aus gänzlichem Mangel an Zeit nur äußerst selten etwas aufschreibe. Ohne daß ich mich noch erinnerte, war die Zeit verflossen. In der Nacht vom Samstag auf den Sonntag, den 3ten Hornung (Februar) wurde ich plötzlich von einer sehr schmerzlichen tödlichen Krankheit überfallen, und ließ am Sonntag frühe meinen Sohn, der zu Rothau, 2 Stunden von hier, aber auch im Steinthal, Pfarrer ist, bitten, für mich zu predigen, und schickte in alle 5 Dörfer, um die veränderte Stunde des GottesDienstes ansagen zu lassen.

Mein Sohn, der selbst auch im Revolutions-Krieg als Arzt gedienet hat, kam mit dem in seiner Gemeinde wohnenden Arzt und noch einem Dritten, der eben dazu kam. Sie stutzten alle und sahen, daß von Menschen-Hilfe nicht viel zu erwarten wäre. Mein Sohn predigte also für mich und sagte meiner Gemeinde einige Worte von meinen gefährlichen Umständen. (Anzeigen von SchlagFluss mit laufendem GliederWeh und andern sehr schmerzhaften Symptomen.)

Sogleich nach der Kirche thaten sich in verschiedenen Dörfern Gesellschaften zusammen, um für meine WiederGenesung zu beten. Den Tag darauf keimte meine WiederGenesung fast unmerklich und wuchs von da an täglich, immerdar fast unmerklich aber in Einem fort, und nun seit mehreren Wochen befinde ich mich, Gott sey Lob und Dank, ganz hergestellt, außer den AltersGebrechen und den Folgen der ausgestandenen Strapazen und gar viel mehr Arbeit, als ich ausrichten und erzwingen kann.

Anmerklich ist noch, daß eine Wittwe meiner Pfarrei acht Tage vor meiner besagten plötzlich erschienenen Krankheit, da ich noch ganz munter, frisch und gesund war, mich im Traum gestreckt und todt sahe, aber vom Kinn an bis zu den Füßen hinaus über und über mit gefalteten betenden Händen bedeckt. Sie wußte natürlicher Weise nicht, was sie aus diesem ihr übrigens sehr eindringlichen Traume machen sollte. Sie verstund es aber, da acht Tage hernach eine so große Menge Weiber ihres Dorfes sich zu der dasigen ganz besonders Gott-ergebenen SchuhlMeisterin (. . .) zur Fürbitte versammelten.

Lassen Sie mich gleichfalls Ihrer Fürbitte und ferneren Liebe empfohlen seyn. Ihr Bruder Joh. Friedr. Oberlin.«

Im selben Jahr schrieb Oberlin an Pfarrer Riesler zu Mühlhausen u. a.[52]: »Wenngleich ich mich sehr wohl befinde, insoweit die oft allzu starken Anstrengungen von bald 45 Dienstjahren in diesen rauhen Bergen solches gestatten können, so deuten mir dennoch öfters gewisse Dispositionen meines Körpers an, daß ich mich beeilen soll, alles in's Reine zu bringen und mich bereit zu halten, weil mein Ende ganz unerwartet kommen könnte . . .«

Oberlin überstand in den Jahren 1813, 1818, 1819 und 1821 noch einige Krankheiten. Die letzte Krankheit im Mai 1826 brachte ihm viele Schmerzen, so daß er mehrere Male ausrief: »O Herr Jesus, mach' Feierabend! Mach' ein Ende! O ich flehe zu Dir, mach' ein Ende der Mühseligkeit meiner Tage!«

Der Steintalpfarrer *Johann Friedrich Oberlin, starb am 1. Juni 1826* und wurde am 5. Juni auf dem Friedhof zu Fouday begraben. Auf dem Grabstein sind die Worte eingeprägt (übersetzt): »Hier ruht die sterbliche Hülle des Johann Friedrich Oberlin, Pfarrer der Pfarrei Waldersbach. Geboren den 31. August 1740. Gestorben den 1. Juni 1826. Er war 59 Jahre der Vater des Steintals. – Die, so viele zur Gerechtigkeit weisen, werden leuchten wie die Sterne immer und ewiglich« (Dan. 12, 3).

Auf dem eisengeschmiedeten Kreuz sind die zwei Worte zu lesen: PAPA OBERLIN.

Am 24. Februar 1822 und am 4. Juli 1823 hatte Oberlin über das Kapitel 13 der Offenbarung des Johannes gepredigt und in sein Stichwortkonzept geschrieben:

»Fragt man nun: Ob auch wir zu unsern Zeiten wissen könnten: Was wir noch zu erwarten hätten? So ist die Antwort: Ja, allerdings, vom IX. und XIII. Kapitel an bis ans Ende der Welt und so da an bis gegen die Wiederbringung aller Dinge, bis gegen die seelige Zeit der Wiederherstellung aller der undenklichen Herrlichkeit, Schönheit, Wohlseyn und Glückseeligkeit, in der Gott Anfangs Alles erschaffen hatte, ehe es durch die Sünde verdorben worden.

Da demnach die Erde muß gereinigt werden und Alles – Alles – Alles Böse muß vollkommen vertilget werden; so muß alles Verdorbene durch schröckliche Läuterungen durchgehen, die noch vollends im XI. Kapitel und sodann im XIII. und in den folgenden Kapiteln verkündiget sind.«

Ob auch solche Gedanken den Sterbenden bewegt haben?

21 Nachruf[53]

Welchen Eindruck Johann Friedrich Oberlin gleich nach seinem Tode bei Gemeindegliedern hinterließ, möge ein bisher unveröffentlichtes Dokument zeigen.

»Einige Worte für meine Schülerinnen zur Erinnerung an Herrn Oberlin, Pfarrer im Steintal, als nähere Erklärung von dessen Tod und Begräbnis. Bertrand, Institutrice.

Dieser würdige, von allen seinen Mitbürgern verehrte und geliebte Mann, – von allen Religionen geschätzte Seelsorger, – von seinen Steintälern angebetete Wohltäter, Freund und Vater – der 59 Jahre unter ihnen wirkte – vollendete seine Laufbahn den 1. Juny 1826 in einem Alter von 86 Jahren. Ohnerachtet dieses hohen Alters mußte der ehrwürdige Greis noch einen harten Kampf kämpfen, er litt schrecklich an Krämpfen und Gichtern mehrere Tage. In den Augenblicken, wo er etwas Ruhe hatte und seiner Sinne mächtig war, betete er für sein Familie, für seine Gemeinde, für alle nahe und fern, und segnete sie.

Als er endlich seine Auflösung fühlte, sahen seine um sein Sterbelager stehenden Kinder und Enkel ihn, mit der Miene einen schon Verklärten, ganz stille mit zitternder Hand sein Haupt entblößen – die Hände falten – und mit einem Blick gen Himmel hauchte er so seine schöne Seele aus. Der stumme Schmerz der Seinigen brach endlich zugleich in Ausrufungen der Freude aus, ihn nun aller Leiden enthoben zu sehen und ihn da zu wissen, wo er sich schon so lange hinsehnte, denn man hörte die Worte: O jour bien heureux! o jour tant desiré! enfin tu es arrivé!! (O glückseliger Tag, o lange erwünschte Stunde! so bist du denn endlich erschienen!!)

Fünf Tage blieb seine Hülle noch unter den Seinigen. In einem ihm als letzte Huldigung zugeschickten prächtig ausgearbeiteten Sarg oben mit einer Glasdecke konnten nicht nur alle die Seinigen die teure Leiche sehen, auch am Begräbnistag, als der Sarg in den Pfarrhof gestellt wurde, war es dadurch den bei seiner Beerdigung versammelten Bewohnern von 9 Dörfern von allen drei Religionen vergönnt, ihm noch den letzten Abschiedsblick zuzuwerfen. Auf seinem Sarg lag die Bibel, seine Amtstracht und sein Ehrenkreuz. – Der Zug ging durch die Kirche an der Kanzel vorbei, wo so manches Wort des Lebens aus seinem Munde ertönte, nach einem eine Stunde weit von seinem Wohnorte gelegenen Dorf, wo er neben seinem ihm schon mehrere Jahre vorangegangenen Sohn beerdigt wurde.

Eine unübersehbare Menge Menschen umringte sein Grab, welches ganz mit Blumen bestreut war. Nach einer von Herrn Pfarrer Braunwald gehaltenen französischen Grabrede, nachdem zuvor in der Kirche ein feierlicher Gottesdienst statt hatte, sprach Herr Stoeber aus Straßburg einige deutsche Verse aus. Und zuletzt, als man schon sich entfernen wollte, drängte sich noch ein junger Arzt Herr Bedel aus Schirmeck hervor und bat, ihm zu vergönnen, im Namen der Katholiken in einigen Worten ihre Liebe und Verehrung auszudrücken und dem Verewigten ein letztes Lebewohl sagen zu dürfen.

Stille und tiefe allgemeine Rührung herrschte unter allen, und gewiß keines entfernte sich von der Gruft, ohne den Wunsch in sich zu hegen: *O* möchten wir *so* leben, um *so* sterben zu können!! Denn hier bestätigte es sich: Der Gerechte wird noch in seinem Tode geehrt.«

Oberlins Grab in Fouday

22 Strophen bei Oberlins Beerdigung gesprochen.

Den 5ten Juni 1826.

Jünger Jesu! Friede deinem Staube! . . .
Du, Befreiter von der Erde Pein!
O Dich führt Dein wandelloser Glaube
Sieggekrönt in Gottes Himmel ein!
Oberlin, es fließen unsre Thränen;
Ach der Vater schwand! ein heißes Sehnen
Weihet Dir die tiefbewegte Brust.

Vater! ach dies warst Du ja uns Allen,
Du, Beglücker in dem Felsenthal!
Sieh Dein Werk, Gott sieht's mit Wohlgefallen;
Unvergänglich Dein Gedächtnismaal!
Schwinden mögen Fürsten, mögen Helden
Die dem Ruhm gelebt! doch dankbar melden
Wird die Nachwelt deiner Thaten Glanz.

Berge mag der Glaube wohl versetzen:
Felsen weichen, Trefflicher, vor Dir!
Kindlich-treu den heiligen Gesetzen,
Dem Gebote Gottes warst Du hier;
Darum hat er Großes Dir gespendet,
Er, der gern uns seine Engel sendet,
Wildniß schufest Du zum Paradies.

Brachtest den Verwaisten Christus Lehre,
Strahltest Licht in ihre dunkle Nacht,
hohes Vorbild, deines Gottes Ehre,
Du, Verkünder seiner Güt' und Macht!
Darf ein Sterblicher schon hier auf Erden
Als ein Heiliger gepriesen werden,
Edler Oberlin! so warst es Du!

Halleluja! Du hast überwunden,
Erndtest Deiner Thaten schönen Lohn!
Halleluja! Du bist treu erfunden,
Weilest nun an Deines Gottes Thron,
Wandelst in dem Chor der selgen Geister,
Vor Jehovah Deinem Herrn und Meister,
Herrlich hat Dein Hoffen sich bewährt.

Unsern Blicken nur bist Du entschwunden;
Welten eint allmächtiger Liebe Band,
O wir bleiben innig Dir verbunden
Bis zum Wiedersehn im Heimathland:
Mögest Du mit Segen uns umschweben!
Huldvoll in dem trüben, dunkeln Leben
Uns ein Führer, uns ein Schutzgeist seyn!

Aus »Steinthäler Gedichte von Ehrenfried Stöber« Straßburg 1830

Das alte (links) und das neue Pfarrhaus in Waldersbach 1787

Anmerkungen

Anmerkungen und Literaturangaben sind auf ein notwendiges Mindestmaß beschränkt worden. Meine Oberlin-Biographie vom Jahre 1979 (J. F. Oberlin, 1740–1826, Gütersloh) bringt ein ausführliches Literaturverzeichnis.

Im Stadtarchiv zu Straßburg (Archives municipales de Strasbourg, abgekürzt: AMS) befindet sich zahlreiches Quellenmaterial; Anschauungsmaterial im Oberlin-Museum zu Waldersbach und im Musée alsacien in Straßburg.

Quellenmaterial wird zugänglich gemacht durch: W. Burckhardt, J. F. Oberlin . . . vollständige Lebensgeschichte und gesammelte Schriften. Herausgegeben von Dr. Hilbert, Stöber und anderen . . . Stuttgart 1843. Abgekürzt: B. B I: Übersetzung einer Biographie von Sarah Atkins, London 1829; B II und III: Übersetzung und Erweiterung der Oberlin-Biographie von D. E. Stoeber, 1831).

In dem Werk »Leenhardt, Camille: La vie de J. F. Oberlin 1740–1826, Paris/Nancy 1911 (abgekürzt: L.) wird die Biographie von Stoeber bearbeitet und erweitert dargeboten.

Zu den ältesten und gut brauchbaren Oberlin-Biographien gehören: G. H. Schubert, Züge aus dem Leben des Johann Friedrich Oberlin, gewesenen Pfarrer im Steinthal, Nürnberg 1814 (in meinem Besitz 6. Aufl. 1838); F. W. Bodemann, Johann Friedrich Oberlin, Pfarrer im Steinthal. Nach seinem Leben und Wirken dargestellt. Stuttgart 1855.

Moderne Literatur wird in den Anmerkungen zitiert.

Die Briefe an Burckhardt und Spittler wurden mir als Fotokopien von Prof. Dr. Peter (Straßburg) zur Verfügung gestellt; sie befinden sich im Spittler-Archiv des Staatsarchivs zu Basel. Die Briefe Oberlins an die Predigerkonferenz der Brüdergemeine zu Herrnhut sind im Archiv zu Herrnhut einzusehen, ein Konzept und Abschriften im AMS Straßburg.

Viele von den zahlreichen Oberlin-Predigten sind – gut geordnet – ebenfalls im AMS Straßburg zu finden.

1 AMS Ms. 204

2 B II S. 300

3 B II 352

4 B I S. 97 ff.

5 nach Bodemann, S. 145

6 siehe W. Heinsius, J. F. Oberlin und das Steintal, Lahr 1956, S. 69 ff., hier ist Oberlins Bericht über die Reisen abgedruckt

7 B II S. 136 ff.

8 vgl. Heinsius a. a. O. S. 38

9 B II S. 142

10 AMS O 47

11 B II S. 133 ff.

12 AMS O 170, Gebetbuch

13 B II S. 359

14 siehe Erich Psczolla, J. F. Oberlin, 1979, S. 109

15 nach J. W. Kurtz, J. F. Oberlin, Sein Leben und sein Wirken,

Metzingen 1982, S. 82, wo auf Berichte von Madame Roerich hingewiesen wird

16 AMS O 592
17 siehe Kurtz a. a. O. S. 198
18 AMS Ms. 172
19 AMS O 592
20 B II S. 219 ff.
21 AMS Ms. 187, – hier handelt es sich um in einer Druckerei hergestellte Verteilblättchen, vielleicht auch aus der Zeit kurz nach Oberlin
22 AMS Ms. 55
23 nach Schubert S. 118 f.
24 AMS Siehe auch 2. Umschlagseite
25 B II S. 229
26 L S. 98; auch Bodemann S. 108
27 B I S. 289 f.
28 nach Schuster, Ev. Gemeindeblatt für Stuttgart vom 18. 8. 1940
29 B II S. 404 f.
30 B II S. 399 ff.
31 B I S. 210 ff.
32 siehe E. Psczolla, a. a. O. S. 151 Anm. 18; und P. Philippi, Die Vorstufen des mod. Diakonissenamts, Neukirchen-Vluyn 1966
33 L. S. 57 f.
34 vgl. Philippi a. a. O. S. 246
35 AMS Ms. 144 – 14. 8. 1803
36 AMS Ms. 206
37 nach Ausgabe München 1968 S. 501
38 B I S. 226
39 AMS Ms. 87
40 Brief im Besitz von Dr. G. Berron
41 F. Goursolas, J.-F. Oberlin, le pasteur »Catholique-Evangelique« Paris 1985, S. 229
42 aus dem Nachlaß von Georg Meyer

43 Da der Lebensweg des Oberlin-Sohnes zu wenig bekannt ist, berichten wir über ihn ausführlicher; wir bringen auch ausführlichere Literaturangaben: B I S. 173, S. 188 ff.; B III S. 138 ff.; L. S. 370 ff.; H. Strohl, H. G. Oberlin und sein Besuch in Bischweiler 1815, Manuskript 1953; Jahresbericht des Frey-Grynaeischen Instituts in Basel für das Jahr 1968. Mit einem historischen Exkurs über die Beziehungen H. G. Oberlins zu Basel. Desgleichen für das Jahr 1969; Kurtz, a. a. O. S. 224 f.; Psczolla, a. a. .O. (siehe Personenregister); Dazu eigenen Notizen aus Oberlin-Manuskripten AMS. Ms. 204
44 B III S. 105 ff.
45 B II S. 477
46 B III S. 108 f.
47 B III S. 120 ff.
48 B III S. 232
49 Ph. Frantz, »Pfarrer Oberlins Brustbild von Ohmacht« in Alsatia, 1833, herausgeg. von August Stöber, vgl. auch Bericht in der Zeitschrift »Das Elsaß, Illustriertes Wochenblatt« vom Jahre 1885 Nr. 39 und 40
50 nach »Galls Schädellehre« sind die einzelnen geistigen und seelischen Anlagen des Menschen in bestimmten Regionen des Gehirns lokalisiert. Auch die Schädelform soll Hinweise auf Begabung und Charakter geben.
51 B III S. 99 f.
52 B III, S. 83
53 Ms. aus dem Nachlaß von Georg Meyer

Personenregister

Alexander I 57, 113, 121
d'Argenson, A.-R. de Voyer 20, 28

Banzet, S. 28
Basedow, J. W. 37, 55
Bedel 12, 134
Bengel, J. A. 26
Berckheim, F. von 57
Bernard, G. 66
Bernard, M. 48
Berron, G. 138
Bertrand, Institutrice 133
Blumhardt, Ch. G. 102, 104f., 105, 108, 122
Bodemann, F. W. 137
Boeckel, J. 89, 116
Boehme, J. 26
Braunwald 11, 134
Brion, F. 33f., 60
Büchner, G. 34
Burckhardt, W. 137

Campe J. H. 37, 44
Caquelin, P. 8
Claude, J. J. 57
Comenius, J. A. 37

Delécluze, E. J. 128
Diemer, S. 114
Dietrich, J. de 28ff.
Doddridge, Ph. 43

Feltz, H. J. 15, 82, 117
Fénelon, F. de 37
Francke, A. H. 37f., 49
Frantz, Ph. 138
Friedrich II 15

Gall, H. J. 138
Gagnière, A. K. 66
Gagmièn, J. G. 107

Gellert, Ch. F. 15
Goethe, J. W. von 13, 33f., 36, 60
Goursolas, F. 138
Grégoire, H. 90
Graf, J. 114, 121, 129
Grünewald 13

Heinsius, W. 137
Herder, J. G. von 34, 36
Herrenschneider 126

Jakobi 59
Jung-Stilling, J. H. 15, 26, 102, 126

Kant, I. 33, 102
Kaufmann, Ch. 33f.
Kern 63
Klopstock, F. G. 15, 102
Koch, G. 7, 17
Krüdener, J. von 57, 121, 126
Kuntz, Mme. 114
Kurtz, J. W. 11, 138
Kurz, Th. 118

Lavater, J. K. 15, 26, 34, 76, 102, 119
La Fontaine 59
Leade, J. 26
Layritz, P. E. 37
Leenhardt, C. 137
Legrand, D. 84
Legrand, F. 84
Legrand, J. L. 48, 52, 55, 84, 105, 122f.
Lembke, F. Ch. 17
Lenz, Ch. D. 33, 35f. 76
Lenz, J. M. R. 33–36, 65
Lenz, K. 36
Lezay-Marnésia, A. 48, 126
Lorenz, F. S. 17
Ludwig XVI. 91
Ludwig XVIII. 125
Luther, M. 110

Marie-Antoinette 91
Masséna 119
Meyer, A. M. 6, 8

139

Meyer, G. 6, 8, 48, 138
Merck 34
Mose 103
Movel, M. Ch. 60

Napoleon 113
Niklas 68f.

Oberlin, Eltern:
  Johann-Georg (Vater) 14f., 18, 104
  Maria Magdalena (Mutter) 14f., 17

Oberlin, Bruder, Jeremias Jakob 29f., 102

Oberlin Ehefrau, Magdalena Salome 23ff., 31, 35, 57f., 84, 95, 104, 118

Oberlin Kinder:
  Charles Conservé 24, 118f., 122, 128f., 131
  Fidélité-Caroline 129
  Frédérique-Bienvenue 24, 57, 85, 114
  Frédéric-Jérémie 24, 91
  Heinrich Gottfried 24, 84, 103, 108, 116ff.
  Henriette Charité 114, 121, 129
  Louise Charité 23

Oetinger, F. Ch. 26
Ohmacht 126

Pestalozzi 13, 37, 43, 55, 84
Peter, R. 137
Pfeffel, G. K. 33, 126
Pfitzinger, S. 114
Philippi, P. 138
Pordage, J. 26
Psczolla, E. 137f.

Rauscher, Ph. L. 52, 57, 114, 129
Rautenberg 59,
Reber, J. G. 84
Reichel 103
Richardot, Cl. 128

Richter, L. von 121
Riesler 131
Robespierre 89
Roerich 138
Röderer 34, 36
Rosenberg, A. 13
Rousseau 37, 128

Salzmann, Ph. G. 44
Sander, N. Ch. 49f.
Shimizu, Y. 12
Shiphard, J. J. 11
Silbermann, Mme. 114
Sokrates 37
Sommer, Mme. 114
Spittler, Ch. F. 31f., 68, 122
Staehelin, Ph. 119
Staehelin U. 119f.
Stoeber, E. 7, 16, 31, 48, 50, 57, 116ff., 130, 134
Stoevesandt, K. 7
Strohl, H. 138
Stuber J. G. 13, 19–22, 28f. 36, 45f., 51f., 65f., 83, 125
Swedenborg, E. 13, 15, 26
Scheidecker, S. 85, 88
Scheidecker, M. J. 8, 10
Schelling, F. W. J. von 13
Scheppler, L. 7, 25, 45, 95, 117, 123, 126, 128
Schering, E. 7
Schiller, F. von 102
Schleiermacher, F. E. D. 13
Schlosser, J. G. 36, 49f., 54
Schneider, E. 87
Schubert, G. H. von 87, 137f.
Schuster 138

Wägelin 123
Wappler 114
Werner, P. 95
Wichern, J. H. 86
Witz, P. E. 87, 89f.
Wolf, P. E. 129

Ziegenhagen, D. G. 16, 58, 85, 117
Zinzendorf 17